# MIGRER COMME LE POISSON

## Note perpétuelle
## au Président de tous les Sénégalais

**Abdoul Aziz DIOP**

# MIGRER COMME LE POISSON

## Note perpétuelle
## au Président de tous les Sénégalais

Sénégal
L'Harmattan

DU MEME AUTEUR
Aux Editions L'Harmattan

Sarkozy au Sénégal, 2008
Une succession en démoratie, 2009
Macky SALL et la société du care, 2015
Contre-discours, 2019
Gagner le débat, 2023


10 VDN, Sicap Amitié 3, Lotissement Cité Police, DAKAR

direction@senharmattan.com
commandes@senharmattan.com

ISBN : 978-2-336-52057-5
EAN : 9782336520575

À

**Mon frère Cheikh Tidiane DIOP**

Écrivain

Parti sans préavis

Auteur, entre autres, de :

*L'Afrique en attente ?* (Essai)

*Les traverseurs des mers* (Roman)

C'est en relevant le défi de la jeunesse que nous construirons une nouvelle voie pour le développement qui soit équitable et inclusive, axée sur le bien commun et l'utilité publique.

**Mahammed Boun Abdallah DIONNE**

(1959-2024)

Ancien Premier ministre du Sénégal

(2014-2019)

# ABRÉVIATIONS

| | |
|---|---|
| APRAPAM | Association pour la promotion et la responsabilisation des acteurs de la pêche artisanale maritime |
| CAOPA | Confédération africaine des organisations de pêche artisanale |
| CAPE | Coalition pour des accords de pêche équitables |
| CCALP | Commission consultative d'attribution des licences de pêche |
| CN-ITIE | Comité national - Initiative pour la transparence dans les industries extractives |
| CNPS | Collectif national des pêcheurs artisanaux du Sénégal |
| CONIPAS | Conseil national interprofessionnel de la pêche artisanale au Sénégal |
| CPK | Comité des pêches de Kayar |
| CPM | Code de la pêche maritime |
| DPM | Direction des pêches maritimes |
| DPM | Domaine public maritime |
| FiTI | Fisheries Transparency Initiative, |
| GAIPES | Groupement des armateurs et des industriels de la pêche au Sénégal |
| MLC | Convention du travail maritime |

| | |
|---|---|
| MRAP | Mouvement contre le racisme et pour l'amitié entre les peuples |
| OEPS | Observatoire économique de la pêche au Sénégal |
| RFI | Radio France internationale |
| RPR | Rassemblement pour la République |
| SGI | Société générale d'immigration |
| UMP | Union pour un mouvement populaire |
| UNAPAS | Union nationale des pêcheurs artisanaux du Sénégal |
| ZEE | Zone économique exclusive |

# AVANT-PROPOS

Le 19 juillet 2023, nous démissionnons de l'Alliance Pour la République (APR) du président Macky SALL et de notre poste de conseiller spécial à la Présidence de la République du Sénégal. Entre autres motifs, nous écrivons dans notre lettre de démission que le « président Macky SALL s'est refusé à accepter de gaieté de cœur les notes intellectuelles, politiques, économiques et culturelles grâce auxquelles un chef d'État d'un pays démocratique comme le nôtre s'approprie le socle doctrinaire sans lequel l'action collective de développement économique et social est vouée à l'échec ».

Le 03 août 2023, nous déclarons, à l'hôtel Résidence Lat Dior de Thiès, notre candidature à la candidature à l'élection présidentielle du 25 février 2024 - repoussé jusqu'au 24 mars 2024 - en invitant « tous les candidats [déclarés et non encore déclarés] au débat démocratique considéré comme le seul moyen de remporter le scrutin et de gouverner le Sénégal dans la paix et la sécurité des biens et des personnes sur toute l'étendue du territoire national ». C'est à ce débat, sur un sujet (controversé) d'intérêt général, que porte ce petit livre écrit juste avant la clôture officielle du parrainage citoyen auquel nous avons activement participé au Sénégal et à l'étranger - en Mauritanie notamment - en conformité avec la loi en vigueur au Sénégal et à laquelle nous avons décidé de ne jamais déroger lorsqu'elle s'impose comme loi de l'État après sa promulgation par le Président de la République.

Pour une première participation, le parrainage citoyen - exercice délicat -, aurait été plus exaltant pour nous si l'argent, le mensonge, l'arnaque, la trahison, etc., ne s'étaient pas invités dans une campagne permettant à chaque citoyen - homme ou femme, jeune ou moins jeune -, de faire le pari des idées en se faisant aider, quand c'est nécessaire, par les relais locaux des candidats à la candidature.

Au citoyen lambda, encore attaché aux valeurs démocratiques, je propose la lecture (voir encadré) des termes d'une arnaque pour la lui faire éviter lors d'une collecte de parrainages citoyens à laquelle il pourrait être appelé à participer un jour.

**DIALOGUE CITOYEN**

FAITS RÉELS

**Le Partenaire HORIZON 2024**

18 octobre 2023

Bonjour Président,

Je te salue en renouvelant mon engagement à tes côtés et mon estime à ton endroit. Je suis très heureux d'entendre le collecteur de parrainages [dont tu m'as envoyé les audios]. Mais moi, je suis un homme de terrain. [Dès mon retour de la Mauritanie], j'irai voir moi-même ce qu'il en est réellement pour avoir toujours privilégié le travail de terrain pour ta réussite et la mienne évidemment. Le parrainage n'est pas facile du tout, mais rendons grâce à Dieu. Les deux collecteurs [X et Y], l'apport attendu du président K et de toi-même nous suffiraient à obtenir les signatures nécessaires et à passer à l'étape suivante.

**Notre message au partenaire**

23 novembre 2023

Bonjour,

(…)

Je te prie de transmettre mes chaleureuses salutations au président K et l'audio que je t'ai envoyé. Nous reconnaissons tous les deux à K son leadership dans le cadre du partenariat qui lie nos deux organisations. Nous sommes presque le 25 novembre 2023. C'est la raison pour laquelle je veux savoir où nous en sommes avec le parrainage et ta dernière promesse d'aller collecter les lots de fiches déjà disponibles sur le terrain.

**Conclusion**

Après le 23 novembre 2023

Plus un mot échangé avec les deux principaux responsables dont j'ai fait mention plus haut. Ils ne décrochent plus leurs téléphones, ne lisent et, évidemment, ne répondent plus à mes appels et messages…

Reste à savoir si le Partenaire a, oui ou non, travaillé avec un ou plusieurs autres candidats à la candidature. Si c'est le cas, du fait de l'offre alléchante dont il m'a fait état venant d'un puissant industriel, Le Partenaire serait très bien inspiré de me rembourser tous mes frais pour services non rendus.

---

Inutile d'en dire plus depuis puisque le contraire de ce qui n'aurait jamais dû exister en démocratie avait été observé pendant près de trois mois lorsque des citoyens que nous ne connaissions pas avant le début du parrainage citoyen se sont spontanément déclarés volontaires pour aider le candidat déclaré du mouvement politique Pacte institutionnel (PI) à réunir les signatures dont il a besoin pour se maintenir dans la course dans le seul but de faire triompher, en s'alliant avec d'autres, les idées généreuses dont il est porteur et pour lesquelles il est entré en politique il y a vingt-cinq ans maintenant. À ces volontaires dont les noms resteront à jamais gravés dans notre mémoire, nous disons merci mille fois. Grâce à eux, les résultats enregistrés sont assez encourageants pour nous faire dire que le travail politique continue pour que le pacte au nom duquel nous nous sommes mobilisés - nos amis et nous -, soit noué et que la confiance que chacun de nous est en droit d'en attendre soit de retour, et pour longtemps encore, au Sénégal.

Heureusement, nous ne sommes pas seuls à vouloir ledit pacte. Nous en avons pour preuve notre rencontre, le 10 décembre 2023, chez lui à Dakar, avec l'ancien premier ministre du Sénégal, Mahammed Boun Abdallah DIONNE, avec qui nous avons convenu d'aller à l'élection présidentielle du 25 février 2024 - 24 mars 2024 précisément - en mutualisant nos efforts pour accroître les chances de la coalition DIONNE 2024 de faire élire son candidat à la magistrature suprême le 24 mars 2024.

On connaît la suite : l'élection présidentielle n'eut en effet lieu que le 24 mars 2024 au terme d'une campagne électorale bâclée de 12 jours au lieu des 21 prévus par le Code électoral. Empêché pour cause de maladie, le candidat de la coalition de DIONNE 2024 n'effectua que 5 jours de campagne. Allité, Mahammed Boun Abdallah DIONNE n'a pu accomplir son droit de vote. Il rendit l'âme, le 7 avril 2024, à Paris à l'Hôpital de la Pitié Salpêtrière à l'âge de 65 ans. Paix à son âme. Que la terre de son pays lui soit légère à Touba où il repose.

Mahammed Boun Abdallah DIONNE avait été informé de l'écriture de ce livre. Je lui avais même demandé de rédiger la préface après lui avoir fait parvenir le manuscrit. L'agenda chargé du candidat ne lui a pas permis d'écrire la préface. Mais, le 12 mars 2024, le candidat signa la « Charte pour une pêche durable » proposée par la Coalition nationale pour une pêche durable (CONAPED).

Depuis Paris, le candidat empêché de DIONNE 2024 félicita le nouveau président élu, Monsieur Bassirou Diomaye Diakhar FAYE. En hommage à celui qui occupa pendant cinq ans (2014-2019) le poste de premier ministre du Sénégal, la mutation de ce livre en note ouverte au président FAYE sur le mouvement incoercible des jeunes migrants sénégalais, en très grand nombre depuis de très nombreuses années déjà, et la corrélation positive incontestable dudit mouvement avec la crise gravissime de la pêche artisanale, arrive à point nommé. Chacun des six chapitres qui la composent donne des indications importantes sur le sujet traité grâce auxquelles, nous l'espérons en tout cas, les lecteurs - le chef de l'État le premier -, peuvent se faire leur propre idée en parcourant de manière critique les nôtres.

En acceptant de rédiger la préface sans hésiter dès que je lui ai fait la proposition, le candidat de DIONNE

2024 me donna en même temps l'occasion de matérialiser ma modeste contribution à son programme de gouvernement à travers le pôle programme auquel Mahammed Boun Abdallah DIONNE m'a suggéré de me joindre lors de notre rencontre le 10 décembre 2023. Nous venons de faire état de la suite connue.

Mais Mahammed est toujours parmi nous à travers son œuvre. « Cest en relevant le défi de la jeunesse que nous construirons une nouvelle voie pour le développement qui soit équitable et inclusive, axée sur le bien commun et l'utilité publique », écrit Mahammed Boun Abdallah DIONNE au deuxième chapitre de la première partie de son essai de réflexion intitulé « Le lion, le papillon et l'abeille » (Paris, Débats publics, 2023).

Comment relever le « défi de la jeunesse » sénégalaise sans accords internationaux équitables dans les secteurs artisanal et industriel de la pêche maritime dans un pays dont les 198 000 km$^2$ d'espaces maritimes font un appel irréversible à chaque jeune tenté par le large pour migrer comme le poisson devenu rare ? Ce livre tente de répondre à cette question.

Nous remercions l'ancien ministre Thierno LO pour la préparation de notre rencontre avec Mahammed Boun Abdallah DIONNE, sa participation aux discussions, la hauteur de vue et l'ouverture d'esprit qui font de Thierno un citoyen mu par l'intérêt général pour lequel il est prêt à tout sacrifier en échange de la paix et du développement du Sénégal. Qui sommes-nous pour ne pas faire de même ? Rien que des mortels encore décidés - Dieu merci -, de donner le meilleur de nous-mêmes pour le triomphe des idéaux bien connus de paix, de sécurité et de bonheur pour chaque Sénégalaise et chaque Sénégalais.

**A. A. DIOP**

# PRÉFACE INÉDITE

Ce livre - au lieu d'une longue lettre ouverte - est une note ouverte bénévole adressée d'abord au président du Sénégal élu le 24 mars 2024 dès le premier tour de scrutin avec 54,28 % des suffrages valablement exprimés. Notre conviction est que le sens de notre démarche sera mieux compris à la suite du rappel de quelques préceptes clés tirés du *Le Prince* de Nicolas Machiavel (1469-1527). Avec lesdits préceptes doit commencer tout dialogue à distance ou en tête-à-tête avec, en tout temps et en tout lieu, le héros universel du philosophe italien. Bref, les lectrices et les lecteurs comprendront enfin pourquoi conseiller Diomaye sans qu'il l'ait demandé - c'est le cas dans cette note - sur les pêches et les migrations avec lesquelles elles peuvent être positivement corrélées.

Né en 1469 à Florence (Italie), Machiavel rédige, à partir de 1513, *Le Prince,* qui assure au nom du philosophe sa célébrité universelle. « Le livre, [qui ne fut imprimé qu'en 1532, cinq ans après la mort de Nicolas Machiavel], a été admiré par Napoléon, Lénine, de Gaulle, mais aussi Mussolini. » Le romancier et essayiste Jean Anglade - agrégé d'italien -, soutient que « le scandale a été que ce petit livre ait osé étudier, étaler au grand jour, noir sur blanc, une façon d'être toujours soigneusement enveloppée jusque-là de voiles hypocrites ».

Oscar Morgenstern, cité par Raymond Aron dans une préface au *Prince*, « déplore que les spécialistes modernes de la science politique n'aient pas soumis les préceptes de Machiavel à une analyse rigoureuse afin de dégager ceux qui, [aujourd'hui encore], gardent (...) une valeur opérationnelle ».

Le trait commun aux princes « machiavéliques » est plutôt le manque de vertu machiavélienne. Celle-ci recouvre « les divers talents physiques et spirituels, que la nature peut donner à un homme ». Elle « correspond alternativement ou tout ensemble à l'intelligence, l'habileté, l'énergie, l'héroïsme ». C'est sans doute cette vertu-là qui détermine, plus que toute autre chose, la manière dont un prince « doit se comporter pour acquérir de l'estime ». Premièrement, un prince vertueux doit « accomplir de grandes entreprises et donner de soi des exemples rares et mémorables ». Deuxièmement, il doit « donner d'insignes exemples de savoir-faire dans les problèmes intérieurs ». Troisièmement, le prince vertueux doit avoir « soin (...) de préserver la majesté de son rang, qui en aucune occasion ne doit être ternie ». Quatrièmement, enfin, il « doit (...) montrer qu'il apprécie les divers talents accordant travail et honneurs à ceux qui s'illustrent le plus en tel ou tel art ».

« (…) On peut juger de la cervelle d'un seigneur rien qu'à voir les gens dont il s'entoure », écrit Nicolas Machiavel. « Quand [les ministres du prince], écrit-il, sont compétents et fidèles, on peut croire à sa sagesse (...) mais s'ils sont le contraire, on peut douter de ce qu'il vaut lui-même (...) » D'aucuns disent qu'un président en exercice est moins fidèle en amitié que l'opposant qu'il fut. C'est que « (...) celui qui cause l'ascension d'un autre se ruine lui-même ; il a pu pour ce faire employer l'habileté ou la force ; mais l'un et l'autre seront ensuite insupportables à celui qui a gagné en puissance ». « Si les hommes qui paraissaient suspects au début du règne d'un prince ont besoin pour se maintenir de l'appui du prince, il pourra très facilement les gagner à sa cause. Ils le serviront alors avec d'autant plus de zèle qu'ils se sentiront plus en devoir d'effacer la mauvaise opinion qu'il avait d'eux en son début. » Ce dernier précepte explique peut-être mieux la façon dont on s'accommode de la transhumance - recrutement d'anciens adversaires -, pour massifier un parti. Mais les transhumants - les nouvelles recrues - se garderaient d'entretenir le président d'autre chose que du pays si ce dernier savait « fuir les flatteurs » qu'ils sont tous devenus. Machiavel exhorte le « prince avisé [à choisir] dans le pays un certain nombre d'hommes sages à qui (...) il permettra de s'exprimer librement, (...) sur les matières de son choix ». « Le prince qui agit autrement est perdu par les flatteurs, on change souvent d'avis, selon le dernier qui a parlé, ce qui ne peut guère lui valoir d'estime. » Un prince qui manque de sagesse ne sera jamais sagement conseillé », soutient Machiavel. « Les bons conseils, d'où qu'ils viennent, procèdent toujours de la sagesse du prince, et non la sagesse du prince de ces bons conseils », écrit l'auteur de l'« opuscule sur les gouvernements », titre originel du *Prince*. « Un prince, écrit Machiavel, doit (...) se soucier peu qu'on le traite de ladre, pour n'être point porté à piller ses sujets, pour pouvoir se défendre, pour éviter la pauvreté et le mépris, pour n'être point réduit aux stratagèmes. »

« Une république défendue par ses propres citoyens tombe plus difficilement sous la tyrannie d'un des siens (...) » Pour ne l'avoir pas compris, l'aile radicale du *Sopi* - changement en ouolof -, déliquescent aurait fait entrer des mercenaires dans le pays sous l'ancien président Abdoulaye Wade. Mais, « les mercenaires, avertit Machiavel, (...) sont inutiles et dangereux, car si [le prince] fonde [son] État sur l'appui de troupes mercenaires, [son] trône restera toujours branlant ». Hier comme aujourd'hui, les mercenaires « acceptent d'appartenir au prince tant que dure la paix, mais sitôt que vient la guerre, ils ne songent qu'à jouer des jambes ».

« Le nombre des "machiavéliques" qui n'ont pas lu un traître mot de Nicolas Machiavel dépasse assurément (...) celui des "marxistes" qui n'ont point lu Karl Marx », commente Jean Anglade. Pour avoir lu Machiavel, l'essayiste camerounais Blaise Alfred NGANDO publie l'ouvrage *Le Prince Mandela : Essai d'introduction politique à la Renaissance africaine* (Maisonneuve & Larose, 2005) « Pour NGANDO, le "Prince Mandela" et le "Prince" de Machiavel seraient mus par la même "valeur essentielle" : le patriotisme. » Mais pas n'importe quel patriotisme ! Celui de NGANDO ne se résume pas en un « projet » que l'on dit « systémique », « holistique » ou que sais-je encore. Le patriotisme dont il est question ici trouve dans nos 198 000 km² d'espaces maritimes, la continuité territoriale des 196 720 km² sur lesquels sont tracées les voies, encore insuffisantes, voire même insignifiantes, de notre plein épanouissement collectif, le seul susceptible de nous affranchir définitivement de notre déshumanisante dépendance de l'autre à la fois si lointain et si méprisant. Le patriotisme dont il est enfin question ici trouve dans l'incoercible appel de la mer nos raisons objectives de nous accommoder de la belligérance de l'autre dans le débat gagnable du monde avec l'irrépressible opinion - la nôtre -, constitutive de notre double identité sénégalaise et africaine.

Comme le montre son sous-titre, cet opuscule est la note perpétuelle destinée au président en exercice de tous les Sénégalais. Le président Bassirou Diomaye Diakhar FAYE est le premier à l'avoir entre les mains pour en tirer le parti que l'auteur bénévole est en droit d'en attendre. Perpétuelle est la note dès lors que la mer s'invitera jusqu'à la fin des temps dans le débat sénégalo-sénégalais, nécessitant du coup les mises à jour irrévocables à chaque alternance démocratique.

**A. A. DIOP**

# INTRODUCTION

En conseil des ministres, le mercredi, 8 novembre 2023, le président Macky SALL - extrait tiré du communiqué dudit conseil -, « a évoqué la stratégie nationale de prévention et de lutte contre l'émigration clandestine en demandant au premier ministre, en relation avec les ministres directement concernés (Intérieur, Forces armées, Justice, Affaires étrangères et Sénégalais de l'Extérieur, Jeunesse, Emploi et Entrepreneuriat, Pêche et Économie maritime…) et l'ensemble des acteurs impliqués dans la gestion de la problématique, de faire prendre des mesures sécuritaires, économiques, financières et sociales d'urgence, afin de neutraliser les départs d'émigrants à partir du territoire national ».

Un peu moins d'un mois avant le verbalisme présidentiel - du 1er janvier au 31 octobre 2023 -, « pas moins de 30 700 personnes - [la plupart provenant du Sénégal et du Maroc] -, sont, d'après Africanews, arrivées aux Canaries, archipel espagnol et porte d'entrée de l'Europe ». Deux jours seulement après la tenue du conseil des ministres, le quotidien *Enquête* chiffre à « au moins 32 029 [le nombre de] personnes [qui] ont débarqué aux Canaries entre le 1er janvier et le 5 novembre 2023 ». « C'est, explique le confrère sénégalais d'Africanews, plus que le record d'arrivées enregistré au plus fort de la crise migratoire de 2006 qui avait inspiré la fameuse formule sénégalaise “Barca wala Barsax” (“Barcelone ou la mort”) »

Incontestablement, le nombre de départs du côté du Sénégal échappe à la prévention dont se gargarisait l’ancien président sénégalais pour se donner bonne conscience, en bon opérateur coup de poing, dans un domaine dont tout indique le caractère incoercible depuis toujours. Bien sûr, l’échec en matière de prévention suffit à entrevoir l’échec dans la lutte. Là où Africanews parle de « drames liés aux naufrages », *Enquête* - le confrère sénégalais -, donne plus de précisions en mentionnant la soixantaine de disparus enregistrée à Fass Boye en août 2023 et le triste record à Bargny avec « la disparition de plus de 200 personnes dans les eaux ».

Sur six ministres dits « directement concernés » par le lourd passif gouvernemental, le ministre de la Pêche et de l’Économie maritime n’arrive qu’en sixième position après ceux de l’Intérieur, des Forces armées, de la Justice, des Affaires étrangères et Sénégalais de l’Extérieur, de la Jeunesse, Emploi et Entrepreneuriat déjà en relation avec le premier ministre. En hiérarchisant de la sorte les intervenants dans un communiqué officiel comme celui du conseil des ministres, le gouvernement du Sénégal participe à la pérennisation délictuelle des naufrages et des pertes en vies humaines comme gages au partenaire européen dont Frontex - Agence européenne de garde-frontières et de garde-côtes -, veille sur les intérêts face aux incursions de migrants dont la direction prise est la même que celle du poisson pêché, licitement ou illicitement, au large des côtes sénégalaises.1

Migrer comme le poisson - mouvement irrépressible -, est le contre-délit à ne pas commettre par le Sénégalais lambda que pas plus de 500 kilomètres ne séparent de la mer où qu'il se trouve sur le sol de son pays. L'offense est telle qu'aucun.e candidat.e à la candidature à l'élection présidentielle du 25 février 2024 - finalement 24 mars 2024 - ne pouvait être pris.e au sérieux sans la laver à grande eau (de mer). Cette forte conviction nous confère le prisme inattendu sous lequel nous analysons prioritairement les œuvres écrites, si elles existent, des candidats dont les chances de rester dans la course sont les plus grandes pour 36 raisons pas toutes connues. La nôtre que voici passe au crible, dans cette introduction, les trois acteurs - le Lion, le Papillon et l'Abeille -, de l'essai (théorique) publié en juin 2023 aux éditions Débats Publics par l'ancien premier ministre Mahammed Boun Abdallah DIONNE (Paix à son âme) qui, en marge de la rencontre d'intérêt général chez lui, me fit cadeau d'un exemplaire dont la dédicace en dit long sur notre amitié déjà vieille de 12 ans.

L'intellectuel en politique, Boun DIONNE, ne s'arrêta pas là : pour nous encourager, il déboursa plus que le prix international (91.89 €) de « Gagner le débat…» (Éditions Universitaires Européennes, 2023) après avoir reçu de nos mains un exemplaire du livre paru en février 2023 aux éditions L'Harmattan Sénégal. Mais combien sommes-nous à comprendre qu'une œuvre a un coût et qu'on doit payer son vrai prix à l'auteur.e qui a trimé pour la réaliser ? Que dire donc de celui qui après s'être contenté du don d'un livre par son auteur ne lit même pas l'œuvre ?

Cela dit, retournons maintenant à la nécessité impérieuse pour Mahammed Boun Abdallah DIONNE « d'être un vrai lion dans la vie » pour asseoir, écrit-il, « l'autorité et la détermination du gouvernement à mener des politiques publiques vertueuses et porteuses de bien-être pour tous, dans un cadre de gouvernance équilibrée et de sécurité ». Qui doute encore, ici au Sénégal, du besoin de vertu, d'équilibre et de sécurité de la pêche et de l'économie maritime pour requinquer le lion désabusé qui dort en chacun de nous depuis la première victoire des Lions de la *Teranga* à la dernière Coupe d'Afrique des Nations de football. Il faut, insiste DIONNE, « sécuriser le territoire national » car « la sécurité étant un bien public indispensable, il nous faut donc lui aménager un cadre d'exécution d'exception dans les budgets de l'État ; l'impact du déficit sécuritaire étant plus nuisible que celui du déficit public ». C'est que « dans la marche d'un pays, nos deux yeux sont nécessaires pour bien voir ». Pourtant, pendant 63 ans, nous ne regardons que d'un seul œil, confinant notre territoire sur 196 720 km² de terre ferme pour ne rien dire sur 198 000 km² d'espaces maritimes dont le propriétaire national - le peuple sénégalais -, houspille le bradeur élu au suffrage universel sur une promesse, jamais tenue, de domestication souveraine pour, nous dit DIONNE, « nourrir les hommes » avec aussi de la chair de poisson bon marché riche en protéines. Dans ce domaine précis, le constat de Mahammed se passe de commentaire : « La malnutrition chronique est encore une réalité inquiétante en Afrique. À ce jour, près du tiers des enfants africains souffrent de ce problème de santé publique qui cause généralement un retard de croissance et des troubles cognitifs. » Oui, « former la jeunesse » suppose qu'on la nourrisse bien pour ensuite « investir dans l'infrastructure technologique, la formation des enseignants et le développement de ressources pédagogiques numériques adaptées aux contextes locaux ». C'est seulement après qu'« il nous faut (…) changer de logiciel de croissance afin que nos nations puissent changer de palier de manière solidaire et que les enfants d'Afrique puissent trouver des opportunités de prospérité par leur enracinement économique et non à partir de leur ouverture au reste du monde ». Cette ouverture arrive juste après quand le besoin de « s'élancer sur l'avenir » aura été conquis sur le dévoiement de la « force de travail potentielle, non employée, [qui] alimente la grande criminalité, le trafic de personnes, les réseaux d'émigration irrégulière et leurs pirogues de la mort, les rébellions, l'extrémisme violent et le terrorisme international ».

Pour permettre à chaque jeune de «“flotter comme un papillon”, autant il nous faut des gouvernements activistes et développeurs car tout reste encore à construire, autant il nous faut aussi doter les citoyens des nécessaires talents leur permettant de voler de leurs propres ailes, contribuant ainsi à «“piquer comme une abeille”», c'est-à-dire assurer « la concrétisation de l'effort de développement, dans le contexte d'appartenance à une double communauté, nationale et régionale [grâce au] secteur privé africain qui crée la richesse de manière durable ».

On peut penser évidemment ce que l'on veut de ce qui vient d'être dit et qui est tiré de l'essai bien écrit et accessible - ce qui est rare - pour le grand public. À nos yeux, l'auteur de *Le Lion, le Papillon et l'Abeille* n'aurait pas été convaincant sur l'ensemble de son œuvre s'il avait omis l'idéologie sous-jacente et la morale qui en est le souffle. « Depuis fort longtemps, les dirigeants du continent hésitent entre le volontarisme économique et le laisser-faire qui se complètent », tranche DIONNE comme pour échafauder la troisième voie qui ne laisse personne indifférente. Mais avec quelle morale refusons-nous d'abdiquer encore une fois en faveur de la pensée dominante ? La certitude quasi unanime que « le XXIe siècle sera spirituel ou ne sera pas » a fait écrire à Mahammed Boun Abdallah DIONNE que « s'agissant de l'Afrique, au-delà de son histoire, l'élément moral pourrait être recherché dans la transcendance de la vie qui unit le lion, le papillon et l'abeille ».. La Foi dont sont revêtus le Peuple et le But de la devise de la République du Sénégal.

Le réarmement théorique tiré de l'œuvre de Mahammed n'enchantera vraiment son auteur là où il est, pétri d'une réelle foi de son vivant, qu'à l'aune d'une saine pratique du pouvoir suprême à travers notamment l'assainissement concerté des secteurs de la pêche artisanale et industrielle et le retournement de situation attendue de la corrélation positive entre la souveraineté maritime et le reflux migratoire significatif sur dix ans (2024-2034).

En deux parties, nous jetons un regard décisionnaire sur l'économie maritime pour gagner le double pari. Dans la première partie, la nature irrépressible de l'immigration clandestine est élucidée en rappelant ce que l'on sait - une bonne indication parmi d'autres - depuis 2006 déjà sur les raisons pour lesquelles nos jeunes émigrent et continueront d'émigrer massivement si rien n'est fait. C'est justement à ce qu'il y a lieu de faire, depuis le 2 avril 2024, que la deuxième partie est entièrement consacrée. Dans cette partie décisionnaire, le possible est dit - données officielles à l'appui -, pour en finir avec la rareté de la ressource et la désertion qui vole au pays sa seule vraie ressource : l'homme sénégalais, inadapté à tous les systèmes et antisystèmes préconçus par quelques-uns, réconcilié avec lui-même, les siens et son environnement.

# 1ère PARTIE

# L'IRRÉPRESSIBLE MOUVEMENT MIGRATOIRE

Interrogé, sur « les réponses du gouvernement sénégalais face aux drames de l'immigration clandestine », pendant près de 10 minutes, le 11 novembre 2023 sur TV5 MONDE, l'ancien ministre du Commerce, de la Consommation et des Petites et Moyennes Entreprises, porte-parole du gouvernement, Abdou Karim FOFANA, parle de nouveauté en insistant sur les profils des candidats à l'immigration. « Ce qu'il y a de nouveau, explique-t-il, c'est le profil des migrants. Nous voyons de plus en plus de gens qui partent à l'aventure alors qu'ils ont une entreprise qui marche. Des gens qui ont un salaire. » Le fondateur du think tank indépendant Afrikajom Center, Alioune TINE, semble abonder dans le même sens que le ministre FOFANA : « Mais vous avez de tout. Des étudiants, des commerçants, des gens qui vendent leur boutique, leur commerce. Ça a dépassé le stade de la migration. C'est un véritable exode vers l'Europe et vers les États-Unis. » Rien qu'en apparence puisque

M. TINE dit tout ce qu'il sait là où l'urgentiste FOFANA fait la sourde oreille : « La plupart des gens qui prennent la mer ce sont des pêcheurs ou des familles de pêcheurs. Les pêcheurs sont venus me dire qu'aujourd'hui la ressource est rare et que des navires étrangers viennent piller toute la ressource, ici. »

A Fass Boye, un village de pêcheurs fondé en 1929 dans le département de Tivaouane (Région de Thiès), l'incoercible a ses mots : « Rien ne nous retient ici ; nous n'avons plus d'espoir. » La triste nouvelle de la disparition en mer de 60 migrants dont l'embarcation, partie d'ici, aurait été heurtée par un bateau de pêche n'y changera rien.

Retour en trois petits chapitres sur l'irrépressible mouvement migratoire qui n'a rien perdu de sa superbe depuis qu'on en parle. Il y a plus de 17 ans maintenant !

L'immigration clandestine dans son historicité !

# Chapitre 1

## Un mouvement incoercible

« Nous allons continuer à renforcer chaque fois plus le périmètre frontalier et le grillage. » Cette détermination, en matière d'immigration, pouvait bien être celle de Nicolas SARKOZY du temps où il était ministre français de l'Intérieur. Il s'agissait, cette fois-là, de l'engagement ferme de son ancien homologue espagnol, José Antonio ALONSO. Ce dernier s'exprimait à la suite d'« une nouvelle infiltration massive d'immigrés clandestins (...) [qui avait] fait 135 blessés dont cinq graves (...) lors d'un assaut (...) dans l'enclave espagnole de Melilla, au nord du Maroc, par un secteur de la frontière réputé infranchissable ».

D'une superficie de 20 km², Melilla partage avec Ceuta le même statut de ville espagnole autonome. L'Espagne l'a conquise en 1497. Considérant que ce territoire est occupé par une puissance étrangère, l'Union africaine soutient le Maroc qui le revendique, de même que Ceuta et les petites îles espagnoles le long de la côte africaine. La frontière de Melilla, « sécurisée par une double clôture de 3 mètres de haut et des tours de guet », est un « point d'entrée névralgique dans l'espace européen ». « Plus de 12 000 tentatives de passage y ont été recensées. » Interrogé par Marco

Dotti (*il manifesto*), Juan GOYTISOLO soutient que l'émigration clandestine est un « mouvement incoercible (...) que les murs ne peuvent que donner l'illusion d'arrêter.

GOYTISOLO est né en 1931 dans une famille bourgeoise de Barcelone. Opposant inconditionnel du franquisme, il vivait à Marrakech quand nous écrivions les lignes de ce chapitre. Auteur d'une quinzaine de romans (tous interdits en Espagne jusqu'à la mort de Franco) et de nombreux essais, il obtint, en 1985, le Prix Europalia pour l'ensemble de son œuvre.

En France, l'hostilité à l'égard des premiers immigrés belges, qui foulèrent le sol français dans la seconde moitié du XIXe siècle, ne s'estompa qu'après l'arrivée massive des Italiens au début du XXe siècle. Au début des années quatre-vingt, l'idée que la France est confrontée à un phénomène nouveau d'invasion et de rejet des cohortes d'immigrés n'est donc pas exacte. S'y ajoute que les autres aspects du « catalogue des idées reçues » (assimilation plus facile liée à la dissémination de la population sur l'ensemble du territoire, célibat des immigrés, intégration facile des Européens, catholicisme, etc.) ne tiennent pas la route. Pour combler la saignée de la guerre, la Société Générale d'Immigration (SGI) introduit 400 000 étrangers de 1924 à 1930. Dans les mines de Lorraine,

80 % de la main-d'œuvre est étrangère. En 1963, le Premier ministre Georges POMPIDOU soutient que « l'immigration est un moyen de créer une détente sur le marché du travail et de résister à la pression sociale ». Toutes ces considérations, et bien d'autres encore, montrent que l'immigration est plutôt interne à l'histoire de France.

Les premières tentatives visant l'arrêt des régularisations remontent à 1972. En 1974, Valéry Giscard d'ESTAING annonce la suspension de l'immigration. En 1986, Charles PASQUA affrète le premier charter. En 1993, celui que l'on présente comme le meilleur ministre de l'Intérieur de la Ve République limite, par une loi qui porte son nom, le droit du sol et entrave l'accès à la nationalité. La loi PASQUA autorise également « les contrôles au faciès, la rétention administrative, l'expulsion et l'interdiction du territoire aux parents étrangers d'enfants français ». En 1983, Nicolas SARKOZY déclare à propos de Charles PASQUA, qui le parraina lors de son adhésion, en 1976, au Rassemblement pour la République (RPR) que « tout le monde sait que je suis son double ». On ne s'en souviendra pas assez.

« Je suis le fils d'un immigré hongrois chassé par le communisme. Mon père a fui la Hongrie, caché sous un train, en 1949 », confessait Nicolas SARKOZY en

1991. Il s'en est peut-être souvenu lorsque, « dans un contexte de débat national et européen sur les questions migratoires », il se rend, en mai 2002, au centre de transit de Sangatte, « situé à l'entrée du tunnel ferroviaire reliant la France et l'Angleterre et dans lequel chaque exilé rêve de s'engouffrer (...) pour atteindre l'autre rive de la Manche ». En octobre 2003, M. SARKOZY privilégie néanmoins « le quantitatif, les chiffres, au détriment d'une approche plus nuancée de l'immigration clandestine » en demandant aux préfets de « doubler en une année le nombre total des reconduites à la frontière des étrangers en situation irrégulière ». En décembre de la même année, la visite à Dakar du locataire de la Place Beauvau fait suite à l'expulsion, par vols groupés, de 126 Sénégalais. Les propositions faites à Dakar, les mêmes qu'au Mali voisin, concernent alors le doublement de l'aide, qui passe de 3 660 euros à 7 000 euros, à la réinsertion dans leurs pays d'origine des volontaires au retour.

Lorsque dans son nouveau « discours positif sur l'immigration », Nicolas SARKOZY disait vouloir « reconnaître au gouvernement et au Parlement le droit de fixer chaque année, catégorie par catégorie, le nombre des personnes admises à s'installer sur [le] territoire [français] », il se fixe en même temps comme objectifs : « d'augmenter de 50 % (...) les reconduites à la frontière, dans le cadre de la lutte contre l'immigration irrégulière, de mieux maîtriser l'immigration familiale » par le truchement de nouvelles « conditions de logement et de ressources plus strictes pour le regroupement familial », tout en excluant « tout plan de régularisations massives sur le modèle espagnol ». Avait-il déjà à l'esprit le fameux « test ADN pour le regroupement familial » ? Tout en son temps portait à le croire.

Quant aux refus de visa et de titre de séjour aux personnes suspectées de « polygamie et de maltraitance des femmes », ils suscitèrent l'indignation du MRAP (Mouvement contre le racisme et pour l'amitié entre les peuples). Dans un communiqué, qui remonte au mois de juillet 2005, ce mouvement accuse M. SARKOZY de prendre « le risque de donner des gages dangereux (...) aux électeurs extrémistes ». On connaît la suite. Réagissant au communiqué du MRAP, Nicolas SARKOZY « fait part de son étonnement sincère » et dit vouloir « montrer aux Français et aux étrangers qui ont choisi en toute légalité de vivre sur [le] territoire [français], que le gouvernement s'occupe de leurs problèmes et assume ses responsabilités en matière d'immigration ».

Avant son remplacement à la Place Beauvau par Nicolas SARKOZY, Dominique de VILLEPIN reçoit une commission composée de 16 députés UMP, de deux députés UDF, et - tenez-vous bien - de 2 députés PS, Jean Pierre BLAZY (Député du Val d'Oise et Maire de Gonesse) et Christophe MASSE (Député des Bouches du Rhône). Cette commission composite remet un rapport dans lequel les parlementaires préconisent l'interdiction du « patois des immigrés », révélatrice, de l'avis d'un autre député PS, Christophe CARESCH, d'« une approche totalement primaire et caricaturale de la délinquance des mineurs » et par ricochet de la problématique de l'immigration.

Dominique de VILLEPIN et Nicolas SARKOZY s'accordent finalement sur l'idée d'une « immigration choisie » qui sonna le glas du dialogue franco-africain, l'unique moyen de regrouper autour d'une même table les représentants de ceux qui fuient la misère, la guerre et l'instabilité et de ceux qui semblent avoir définitivement tourné le dos à ces fléaux. Le dialogue n'aura pas lieu avant très longtemps. A Dakar, M. SARKOZY confirme la mise en place de la « carte compétence-talent » et déclare, péremptoirement, que « a France n'a pas à rougir de ce qu'elle fait. Elle continuera à le faire ». Le président WADE était prêt à l'aider, lui qui estimait que « l'émigration clandestine constitue un danger pour l'Afrique et que son gouvernement va la combattre par tous les moyens ».

Par quels moyens ? En existe-il vraiment qui ne choquent pas ? Pour rappel, « l'organe de direction de la Banque mondiale [avait] donné son feu vert (...) à l'annulation de plusieurs dizaines de milliards de dollars de dette multilatérale des pays les plus pauvres de la planète (...) ». « Il [s'agissait] (...) d'annuler 40 milliards de dollars dus par les 18 pays les plus pauvres à trois institutions multilatérales (BM, FMI et Banque africaine de développement) »

Par exemple, selon le journal *L'Indépendant*, paraissant à Ouagadougou, « l'état du portefeuille de la dette du Burkina en fin mars 2005 [montrait] que le Burkina doit à ces trois institutions 71,33 % de ses dettes contractées. Ce pourcentage correspond à 749,79 milliards de F CFA sur un portefeuille total estimé à 1051,04 milliards de F CFA ». Avalisée par les dirigeants du G8, la mesure ne semble avoir rien réglé. Le Burkina, comme les 17 autres pays concernés, déplorent surtout les facteurs de commerce inéquitable que sont les barrières douanières et les subventions agricoles. « Allons-nous, s'interroge le président malien Amadou Toumani TOURÉ (ATT), continuer à cultiver du coton pour récolter des déficits alors que les nantis cultivent du coton pour récolter des subventions ? » C'était lors du sommet Afrique-France de décembre 2005. Concrètement, un lien entre désendettement et immigration permettrait de jauger l'impact réel de la mesure.

L'épanouissement de chaque habitant de la planète Terre, là où il est, est un facteur innovant de paix auquel une annulation surveillée (loin de tout « système de corruption réciproque qui, depuis la fin de l'occupation coloniale, lie la France à ses affidés africains ») de la dette totale devrait pouvoir contribuer.

Trois ans d'impasse en Côte d'Ivoire, sans changement de régime, montrent bien que dans un monde qui change les pourparlers entre partenaires sont la seule voie à explorer. En matière d'immigration, la Francophonie des peuples s'accommode-t-elle de l'unilatéralisme de M. SARKOZY ? Elle s'en accommodait d'autant moins que le président français ne trouva pas choquant le recours au test ADN pour le regroupement familial. A ce sujet, la position de l'ancien Premier ministre français Jean-Pierre RAFFARIN - plutôt opposé au test - conforte non seulement la conception africaine de la famille mais montre surtout que la droite de la droite avait été bien au pouvoir en France sous SARKOZY. « Je ne crois pas que le lien biologique soit le lien exclusif de la structure familiale », avait laissé entendre, sur France Inter, le sénateur UMP de la Vienne. L'idée, agitée à Dakar, d'« une politique d'immigration négociée ensemble, décidée ensemble pour que la jeunesse africaine puisse être accueillie en France et dans toute l'Europe avec dignité et avec respect », s'était définitivement volatilisée. L'avenant de Dakar - acte par lequel le ministre français de l'Identité nationale, de l'Immigration et du Co-développement, Brice HORTEFEUX, et le ministre sénégalais de l'Intérieur, Ousmane NGOM, modifièrent les « accords » franco-sénégalais sur la gestion des flux migratoires - n'affecta pas la politique française d'« immigration choisie ». En 2008, l'objectif de cette politique était de porter à 26 000 - au lieu des 25 000 en 2007 - le nombre d'expulsions en même temps qu'elle siphonne le réservoir de talents des pays africains « amis » de la France.

Bernard HENRI-LÉVY avait raison sur un point : plutôt que d'opposer les civilisations, le vrai choc oppose la démocratie au fascisme toujours tentant. Invité, le mardi 9 octobre 2007, de France Inter, BHL déclare que « GUAINO, (...) est raciste. C'est lui qui a fait le discours de Dakar, que le président SARKOZY a prononcé (...) et qu'il a dû découvrir dans l'avion parce que SARKOZY n'est pas raciste. Discours ignoble où l'on disait que si l'Afrique n'était pas développée c'était parce qu'elle n'était pas inscrite dans l'histoire (...). Dire cela en effaçant complètement la colonisation, la destruction du pays par cette époque honteuse du colonialisme, c'est du GUAINO et c'est du racisme (...).

Ce discours est un discours raciste, celui qui l'a écrit est donc vraisemblablement un raciste ». En disant cela, Bernard HENRI-LÉVY renvoie à l'intellectuel d'ORY et de SIRINELLI. Cet intellectuel-là se définit par ce qu'il dit tout haut et fait, pas par ce qu'il est. Aucune importance si GUAINO - lui qui prétend connaître l'Afrique mieux que les Africains - dit de BHL qu'il est « un petit con prétentieux ». « Le drame de l'Afrique c'est que l'homme africain n'est pas assez entré dans l'histoire. Le paysan africain, qui depuis des millénaires, vit avec les saisons, dont l'idéal de vie est d'être en harmonie avec la nature, ne connaît que l'éternel recommencement du temps rythmé par la répétition sans fin des mêmes gestes et des mêmes paroles », souffla GUAINO à SARKOZY. Mais en exemptant le locuteur SARKOZY de toute responsabilité, BHL semble oublier le précepte de Machiavel relatif aux conseillers du Prince : « Un prince qui manque [vraiment] de sagesse ne sera jamais sagement conseillé. » Parce que « les bons conseils, d'où qu'ils viennent, procèdent toujours de la sagesse du prince, et non la sagesse du prince de ces bons conseils », renchérit l'auteur des *Discours sur la Décade de Tite-live*. Répétons-le : Oscar MORGENSTERN, cité par Raymond ARON dans une préface au Prince du philosophe et secrétaire florentin, « déplore que les spécialistes modernes de la science politique n'aient pas soumis les préceptes de Machiavel à une analyse rigoureuse afin de dégager ceux qui gardent peut-être une valeur opérationnelle ». Ce qui est valable pour le politologue, l'est autant pour le « nouveau philosophe » (politique).

Quant aux jeunes candidats à l'émigration, ils sont naturellement plus sensibles à l'analyse de Jean-François BAYART en la matière qu'à celle du président sénégalais, pris de court par l'ADN. L'auteur de « L'État en Afrique : la politique du ventre » - « une lecture à la fois provocante et nuancée de ce qu'il est convenu de nommer le "développement" » -, rappelle opportunément que « les Africains d'aujourd'hui, à l'instar de leurs ancêtres, ne sont pas étrangers à l'"aventure" et savent "s'élancer vers l'avenir" ». « Telle est précisément, explique-t-il, la signification de l'émigration que ne dicte pas la seule désespérance des jeunes face à la misère, comme l'ânonne trop souvent et comme l'a paradoxalement reconnu le Président lui-même - [Sarko bien sûr] - dans son discours, mais bel et bien leur volonté positive de conquérir leur dignité d'homme adulte, de bénéficier des opportunités de la globalisation, d'en faire profiter leur pays et leur famille, de s'enrichir matériellement et culturellement ». Une première bonne réponse à la question que d'autres se posent toujours : « Pourquoi émigrent-ils ? ».

# Chapitre 2

## Pourquoi émigrent-ils ?

*Le Monde diplomatique* publie, en novembre 2000, une remarquable tribune de la sociologue Saskia SASSEN intitulée « Mais pourquoi émigrent-ils ? » A la question, suscitée par « le travail mondialisé », la spécialiste trouve les réponses inédites sous le prisme desquelles, nous examinons l'intervention de l'ancien président français, Jacques CHIRAC, au sommet Afrique-France, qui s'est tenu du 3 au 4 décembre 2005 dans la capitale malienne. Au mépris du thème central de la réunion - « La jeunesse africaine : sa vitalité, sa créativité, ses aspirations » -, CHIRAC parle surtout d'immigration.

L'ancien président français innovait-il vraiment à la conférence de Bamako lorsqu'il se disait prêt à accorder des « visas de longue durée » aux « chefs d'entreprise », aux « professeurs », aux « chercheurs », aux « cadres » et aux « artistes » africains ? Pas autant qu'on pouvait l'espérer en tout cas. « L'ami [d'alors] de l'Afrique » avait sans doute à l'esprit la gestion, dans les postes consulaires de son pays, des longues files d'attente selon des « critères d'âge, de diplômes, de connaissance linguistique et d'expérience professionnelle », définis par l'ancien ministre de l'Intérieur, Nicolas SARKOZY. Ce dernier annonça, bien avant le sommet de Bamako, « la mise en place d'une mission d'évaluation des capacités d'accueil et des besoins économiques de la France, qui [devrait] remettre ses conclusions [en] mars 2006 ». A la tribune du Palais des congrès de Bamako, Jacques CHIRAC claironne « l'immigration choisie » par SARKOZY et de VILLEPIN. « L'avenir des jeunes africains est d'abord en Afrique », déclare-t-il à l'attention des 53 délégations africaines qui firent le déplacement. Contrairement au chef de l'État malien qui se contenta de s'exclamer « Jacques, tu es vrai ! », les intentions de M. CHIRAC en matière d'immigration n'échappent pas aux rédactions de Radio France internationale (RFI) et de la chaîne de télévision francophone TV5 MONDE. En juin 2004, le président WADE s'en prenait, lui, aux « niches de gaspillage » et préconisait « le contre-transfert des cerveaux » (du Nord au Sud plutôt que l'inverse), les « passeports d'affaires » et « la suppression des pots-de-vin ». On sait très bien ce qu'il en reste aujourd'hui.

La tribune de la sociologue Saskia SASSEN sur les flux migratoires montre que la jeunesse africaine, en raison justement de sa « vitalité », de sa « créativité » et de ses « aspirations » s'invitera encore longtemps dans les débats sur l'immigration. « Jadis chefs de terre, les patriarches [des] familles TOURÉ et NIARÉ (...)

[du Mali], sont aujourd'hui confinés dans des rôles de chefs de quartier ou d'imams. De génération en génération, certaines branches ont prospéré et répandu leurs patronymes dans la sous-région. D'autres végètent dans leur immuable carré de Bamako. Aujourd'hui, le grand chef des terres, c'est l'État. Et les bailleurs de fonds le pressent de privatiser tout ce qui peut l'être, à coup de Plans d'ajustement structurel (PAS) », écrit Monique MASS, journaliste à RFI. Saskia SASSEN montre, entre autres, comment de telles mesures dans les pays du Sud dopent les flux migratoires.

En faisant irruption dans bien des créneaux porteurs pour les couches urbaines et rurales pauvres des pays en développement, certaines sociétés multinationales limitent « les perspectives de survie » et créent « une main-d'œuvre mobile ». Les flux de migrants consécutifs aux conflits en Afrique sont révélateurs de la responsabilité des gouvernements des pays concernés et de certains gouvernements étrangers dont celui de la France.

En recevant sur son territoire des ressortissants français fuyant la Côte d'Ivoire en guerre civile, la France se trouva confrontée à une obligation dont elle se passerait en temps normal. Les migrants pouvaient bien être d'une autre nationalité. Il ne fait aucun doute qu'« il est (...) plus compliqué de tenir compte de l'impact des activités extérieures des États sur la constitution des flux migratoires que de voir dans l'émigration une simple conséquence de la pauvreté, le résultat du choix individuel des émigrants ». « L'observation, sur le terrain, des causes de l'émigration tend à prouver que les flux s'inscrivent dans le temps et l'espace, et qu'ils dépendent largement des politiques menées dans d'autres sphères. De nombreuses études universitaires dans le monde entier l'attestent : il ne s'agit ni d'invasions de masse ni de mouvements spontanés de la pauvreté vers la richesse. »

« Si l'État-nation dispose toujours du pouvoir d'écrire le texte d'une politique de l'immigration, ses différentes obligations internationales font que sa politique de l'immigration, au sens conventionnel de cette expression, n'affecte qu'à la marge les réalités migratoires ». C'est que « par-delà la mondialisation de l'économie, précisait Saskia SASSEN, une autre transformation majeure des relations internationales contrebalance le pouvoir des États en matière de contrôle de l'immigration : la montée en puissance des régimes juridiques liés aux droits humains, dans le cadre des États ou de conventions internationales ». C'est qu' « (...) en confinant sa politique migratoire à la seule dimension policière, l'État voit se multiplier les contentieux plus que s'affirmer ses capacités de régulation des flux. (...) D'un côté, tout pousse au multilatéralisme et, de l'autre, le traitement des problèmes d'immigration demeure unilatéral : cette contradiction est surmontée par la croissance de facto (plutôt que de jure) du bilatéralisme et du multilatéralisme dans la gestion de certains aspects spécifiques des migrations internationales », ajoutait-elle.

« Les problématiques d'éducation, de formation et d'emploi méritent une réflexion à la fois nationale, dans les différents pays, et internationale, afin de faciliter les passerelles qui permettent à la jeunesse d'Afrique de concevoir un parcours professionnel entre plusieurs pays voire plusieurs continents », soutient Saskia SASSEN. Mais à Bamako, « l'immigration choisie » sonna, une fois encore, le glas du « dialogue franco-africain » dont Jacques CHIRAC présida le dernier en tant que chef d'État français.

Plusieurs ONG maliennes choisirent alors de défendre un point de vue altermondialiste dans un « sommet alternatif citoyen Afrique-France », un rassemblement franco-panafricain organisé en contrepoint au sommet des chefs d'État. « Sans emplois productifs fournis à une échelle suffisante, il n'y aura pas de développement, rappela un participant. Il est vrai que le Mali ne paraissait toujours pas avoir tiré de profit durable de la kyrielle de petits projets montés par les très nombreuses ONG étrangères bien que ces dernières se soient multipliées depuis le début des années 90, lorsqu'un vent démocratique a soufflé sur le pays.

Au Sénégal, la crise que traverse la pêche artisanale montre comment les flux migratoires dépendent, dans une large mesure, des politiques menées par l'Union européenne. Au pays de la *Téranga* (refusée aux Sénégalais par tous les pouvoirs depuis 1960), les jeunes migrent comme le poisson parti on sait bien où.

# Chapitre 3

# Migrer comme le poisson

Consacrées par la Convention des Nations unies sur le droit de la mer, entrée en vigueur le 16 novembre 1994, les zones économiques exclusives (ZEE) offrent aux régions côtières de réelles opportunités de développement économique et social. Ladite convention rend le Sénégal maître de ses ressources océaniques jusqu'à 370 kilomètres au large. En même temps, le pays est libre de négocier les surplus qu'il ne peut exploiter. Rien, dans ce dispositif, ne préfigure le malaise dont la presse nationale a fait état à l'annonce de nouvelles négociations d'accords de pêche. « Les membres de l'interprofessionnel de la pêche artisanale de la région de Saint-Louis (...) ne sentent pas la nécessité de signer les accords de [pêche avec l'Union européenne] au moment où les ressources maritimes se font rares. » Quand on s'intéresse davantage à la question, on se rend bien compte que les choses se compliquent d'année en année du fait de la surexploitation contre laquelle les pêcheurs sénégalais peinent à s'organiser au moins depuis 1979, date à laquelle les premiers accords de pêche ont été signés entre le Sénégal et la Communauté économique européenne (CEE), devenue l'Union européenne (UE).

Globalement, la pêche représente 2,5 % du Produit intérieur brut (PIB) du Sénégal. Devant celles des phosphates et de l'arachide, les recettes d'exportation du secteur de la pêche se chiffrent à 185,4 milliards de francs CFA (282 millions d'euros). Mais immémorial sera bientôt le temps où les communautés Bosso, Lébou et quelques autres familles s'adonnaient seules à la pêche artisanale à bord de pirogues non motorisées transportant des filets de pêche qui ne dépassaient pas quelques dizaines de mètres. Aujourd'hui, le sous-secteur de la pêche artisanale compte en moyenne 16 000 pirogues, motorisées pour la plupart, et emploient 400 000 personnes auxquelles s'ajoutent 200 000 autres actifs appartenant au sous-secteur de la pêche industrielle. En l'an 2000, l'Observatoire économique de la pêche au Sénégal (OEPS) estimait les captures à 330 000 tonnes de poisson. La pêche artisanale y contribua, selon la même estimation, pour au moins 85 %.

L'activité de pêche concerne 7 régions maritimes (Saint-Louis, Louga, Thiès, Dakar, Fatick, Kaolack et Ziguinchor) sur un total de 11 régions. Maintenant 14 depuis le projet d'érection de trois nouvelles régions (Kaffrine, Kédougou et Sédhiou). Kayar, dans la région de Thiès, dispose d'un parc d'au moins 350 embarcations. Pendant la campagne de pêche (de novembre à juin), 600 autres pirogues s'ajoutent à la flotte. En 2001, on estimait à 26 000 tonnes la production halieutique pour une valeur commerciale d'un peu plus de 4 milliards de francs CFA. Les petits pélagiques représentent 90 % des débarquements. A Kayar, le modèle de gestion communautaire de l'activité de pêche privilégie la concertation et la définition de règles consensuelles. L'augmentation de la taille minimale des poissons capturés et la bonne organisation du marché ont eu pour conséquence l'augmentation substantielle des revenus des pêcheurs. Les artisans du modèle, cristallisés autour du Comité des pêches de Kayar (CPK), mettent également l'accent sur la salubrité des aires de débarquement et de transformation des produits halieutiques, la sécurité en mer et la solidarité villageoise. Mais le modèle, maintenant confronté à la diminution drastique, voire l'épuisement des stocks de poissons, périclite. La désastreuse campagne de pêche de l'année 2005 en est une parfaite illustration. Bien loin est la période où vingt pêcheurs se partageaient une manne journalière de 400 000 francs CFA avec le propriétaire de l'embarcation et l'amortissement du matériel de pêche.

Kayar, à l'instar de toutes les autres zones maritimes, dénonce les accords de pêche entre le Sénégal et l'Union européenne. Renouvelés en 2002 pour quatre ans, ces accords, qui ont certes permis à l'État du Sénégal d'engranger 48 milliards de francs CFA, sont tenus pour responsables de la surexploitation de la ressource et de l'appauvrissement des artisans du secteur de la pêche et de leurs familles. A l'accord bilatéral, Sénégal-UE par exemple, caractérisé par le paiement de compensations financières, s'ajoutent les droits payés directement par les propriétaires de navires titulaires de licences de pêche. Djibo Leity KA (Paix à son âme), alors ministre de l'Économie maritime, disait n'avoir pas délivré de licences de pêche, ce dont doutait le directeur de l'Océanium, l'écologiste Haidar El ALY. Ce dernier rappelait une pratique commune à tous les ministres en charge de la pêche (le socialiste Alassane Dialy NDIAYE - Paix à âme - et les libéraux Cheikh Sadibou FALL - Paix à son âme - et Oumar SARR).

En matière de compensations financières, un groupe de pression allemand au sein du Parlement européen dénonçait, dans les années 90 déjà, les « compensations déguisées ». Ces dernières concernaient des ressources qui n'étaient plus disponibles du fait de la surexploitation consécutive aux accords de pêche. S'agissant de l'accord 1994-1996, le groupe des socialistes français du Parlement européen a usé de son réseau « pour contrecarrer l'effort conjoint CNPS/Verts français/Socialistes irlandais/Verts belges », et imposer la signature de l'accord par devoir de solidarité socialiste.

Le CNPS est le Collectif national des pêcheurs artisanaux du Sénégal. Créé en 1987, le collectif ne comptait pas moins de 13 000 membres en février 1999. Composé de pêcheurs, de transformatrices de produits halieutiques, de commerçantes, etc., le CNPS se caractérise par la qualité de ses leaders vivant de la pêche ou d'activités annexes, par son autonomie vis-à-vis de l'État et des instances de coopération bilatérale et multilatérale et par son éloignement de « la logique projet », jugée réductrice en matière de développement. Le collectif peut s'enorgueillir d'avoir été, en 1994, la première organisation continentale à prendre part à la négociation d'accords de pêche.

Né en août 2003, le Conseil interprofessionnel de la pêche artisanale au Sénégal (CONIPAS) fédère aujourd'hui l'essentiel des organisations existantes. Pendant que les pêcheurs sénégalais manifestaient, le 15 avril 2006, à Dakar pour dénoncer des accords de pêche qui ne prennent pas en compte leurs préoccupations, le président du CONIPAS, Dao GAYE, en Europe pour les besoins du Forum mondial des populations de pêcheurs, disait ne pas comprendre la signature d'accords de pêche, qui affectent les espèces démersales côtières. Les pêcheurs sénégalais faisaient face aux contraintes liées au repos biologique, à l'octroi de permis de pêche et à la mise en place d'aires marines protégées. M. GAYE dénonça également les accords de pêche qui ne prennent pas en compte le problème posé par les bateaux de pêche d'origine européenne qui opèrent au Sénégal dans le cadre de sociétés mixtes. Ces bateaux, sans observateurs à bord, entrent nuitamment dans la zone réservée à la petite pêche, pillent les ressources et rentrent en conflit avec la pêche artisanale en provoquant de graves accidents.

Le président du CONIPAS déplore aussi le manque de transparence dans les négociations Sénégal-UE et la gestion opaque des compensations financières sous-évaluées. Béatrice GOREZ, de la Coalition pour des accords de pêche équitables (CAPE), soutient que « les calculs ont montré que, même si la compensation financière versée par l'UE est importante, elle ne représente qu'une petite partie de la valeur des ressources pêchées. Ainsi, un euro dépensé par l'UE pour la signature d'accords de pêche en rapporte 3 ou 4 au niveau européen » En même temps, les pêcheurs sénégalais sont unanimes pour signaler l'absence totale de retombées pour le secteur. Les prix du matériel d'exploitation et des intrants restent très élevés dans un contexte où les super-chalutiers européens concurrencent les flottilles locales.

Plutôt que de justifier la signature des accords de pêche par on ne sait quel « devoir de coopération internationale », le militant écologiste Haidar El ALY fait remarquer que si le Sénégal ne signait pas d'accords avec l'UE, les européens trouveraient ailleurs, en Mauritanie et dans d'autres pays de la sous-région, les ententes qui leur permettraient d'attendre ailleurs les poissons qui migrent des côtes sénégalaises. S'y ajoute l'impact environnemental, économique et social du prélèvement du petit pélagique, loin des côtes sénégalaises, sur les pêcheurs sénégalais. Il convient de rappeler que les pélagiques côtiers constituent la base de l'alimentation sénégalaise. L'approvisionnement régulier et abondant du marché domestique passe par la profitabilité de leur capture. Mais pour Béatrice GOREZ, des accords de pêche « "gagnants-gagnants" doivent viser la lutte contre la pauvreté, le respect et la protection des communautés littorales locales, la flexibilité des possibilités de pêche s'appuyant sur la prise en compte de l'information scientifique disponible et des besoins de l'industrie locale de pêche, la mise en place de mesures de protection pour la pêche artisanale et de subsistance, l'élimination progressive du système de subvention des flottilles étrangères, etc. ». L'Espagne bénéficie d'une grande partie des subventions. Jouissant, en matière de pêche, d'un réel pouvoir au niveau de l'Union européenne, ce pays s'opposerait à toutes propositions visant la suppression des subventions. Le Portugal et la France l'y aideraient.

Du poisson pêché de manière illicite a souvent fait l'objet de transfert jusqu'à Las Palmas, plaque tournante du commerce poissonnier. Ironie du sort : c'est au tribunal correctionnel de Las Palmas que comparaissaient dix Sénégalais « arrivées aux Iles Canaries au courant des mois de février et mars » 2006. Ridicule ! Quel tribunal peut empêcher les migrants sénégalais de migrer comme le poisson pêché illicitement chez eux pendant que courent les trafiquants de protéines ? Aucun ! Mais tout cela paraît normal au moment même où tous les observateurs avisés établissent un lien entre le départ d'émigrants sénégalais pour l'Espagne et la rareté des ressources halieutiques. Ici rejaillit toute la pertinence des réponses que la sociologue Saskia SASSEN trouva à sa propre question : « Pourquoi émigrent-ils ? »

Pourtant des propositions alternatives, comparables à celles de la CAPE, en vue d'un partenariat Sénégal-UE, se trouvent dans le manifeste remis à la presse, le dimanche 25 juin 2006, par les membres de l'interprofessionnel de la pêche artisanale de la région de Saint-Louis, appuyés par des collègues venus de toutes les régions du Sénégal. L'application d'« accords qui pèchent », avant même d'avoir l'accord des parlements sénégalais et européen, révèle un deal des pêcheries, vieux de plus d'un quart de siècle, qui menace la sécurité alimentaire et la stabilité sociale du Sénégal.

En lieu et place de l'« Eurafrique chimérique » de M. SARKOZY, une Eurafrique des pêcheries pourrait permettre de créer un marché régional de produits de la mer en contribuant au désenclavement des zones de débarquement, à l'installation d'infrastructures de conservation, à l'accessibilité du crédit, etc. Autant de facteurs de rupture à explorer par qui veut rompre avec le passé en s'adossant, au Sénégal même, sur le contrôle démocratique.

Une chose est sûre : pour qui veut bien faire, l'irrépressible va de paire avec le possible auquel est consacrée la deuxième partie de ce court essai dont la répétition (augmentée) est la pédagogie.

# 2ème PARTIE

# REGARD DÉCISIONNAIRE SUR LES PÊCHES MARITIMES

Prenant la parole, le 03 février 2016 à la première conférence internationale de la *Fisheries Transparency Initiative* (FiTI), tenue à Nouakchott (Mauritanie), l'ancien président Macky SALL rassura plus d'un sur le papier en faisant de la transparence, de l'information et la participation les trois piliers du renouveau des secteurs de la pêche et de l'économie maritime sénégalaises. Pour l'ancien président, « promouvoir la transparence, c'est d'abord améliorer l'accès à l'information du public. C'est ensuite adopter une gestion participative, avec l'implication de l'ensemble des acteurs dans le processus décisionnel. C'est enfin définir des normes et stratégies de gestion consensuelles fondées sur la durabilité. »

En avril 2017, le président du Conseil d'Administration International de la FiTI, le Professeur Peter EIGEN, apporte de l'eau au moulin de l'ancien premier décideur sénégalais : « Il existe un consensus sur le fait qu'il est désormais inéluctable de lutter contre une gouvernance inefficace au niveau de la gestion halieutique, et ce à tous les niveaux. Ceci exige de remédier au manque de transparence et de participation dans la gestion du secteur. Malgré une reconnaissance, au niveau international, de la nécessité de renforcer la transparence et la participation, aucun consensus n'a, jusqu'à présent, permis de définir quelles informations doivent être rendues publiques. »

À la date du 27 avril 2017, tout semblait donc indiquer que les autorités sénégalaises mettraient un coup d'arrêt à tout ce qui les oppose aux acteurs de deux secteurs de la pêche (artisans et industriels) pour assurer au pays une profitabilité toujours plus accrue à travers la protection et l'exploitation judicieuse du territoire maritime national. On en est encore très loin comme le montrent l'actualité dans son historicité et l'instantanéité à laquelle sont suspendus les médias nationaux et internationaux.

Réaliste est néanmoins Bassirou Diomaye Diakhar FAYE lors de sa première adresse à la Nation. Le 3 avril 2024, le nouveau président sénégalais n'hésita pas à dépouiller « l'antisystème » de ses certitudes, recadrant du coup les médias pour ramener les soutiens (militants et sympathisants) à la réalité. Et comment !

# Chapitre 4

## L'antisystème dépouillé

Dans un domaine déterminé, comme par exemple celui des espèces animales et végétales, les doctrines ou théories sur le domaine finissent par converger en un point ou en plusieurs points. Cette théorie de la convergence suppose l'isolement des théories sur le domaine concerné, chaque théorie poursuivant son chemin sans contact avec une autre sur le même domaine d'étude et/ou de recherche. En regardant dans l'autre théorie sur le même domaine, une théorie perd son autonomie première au profit de la doctrine concurrente. Lorsqu'elle ne s'arrête pas, cette perte d'autonomie peut aboutir à l'abandon pure et simple de la théorie dépendante. L'étanchéité des cloisons à l'intérieur desquelles se développent des théories sur un domaine donné est le meilleur moyen de voir surgir une ou plusieurs convergences entre elles.

Dans le cas des théories créationniste et évolutionniste sur les espèces animales et végétales, un des points de convergence est le moment où l'Homme est apparu. Les savants et théologiens musulmans - tous créationnistes - nous apprennent que l'Homme est créé par Dieu après que toutes les autres espèces animales l'ont été. Pour les évolutionnistes, les humains sont apparus au terme de la longue évolution des autres espèces animales. Le point de convergence des créationnistes et des évolutionnistes sur l'apparition de l'Homme après celle des autres espèces animales montre qu'un temps s'est écoulé entre les deux apparitions. L'évolutionnisme, postérieur au créationnisme, ne serait donc qu'une confirmation de celui-ci par les moyens qui lui sont propres du fait de l'isolement d'où naissent les points de convergence entre doctrines ou théories dans un domaine précis. Créationnisme et évolutionnisme ne faisant qu'une et même théorie, d'après ce raisonnement, notre analyse sur ce que l'on appelle « antisystème », opposé aux systèmes - car il y en a une pléthore -, devient plus aisée.

**Comment naissent les systèmes ?**

En prenant appui sur le message universel dont il fut le porteur assidu toute sa vie durant, plutôt que de l'emprisonner dans l'appartenance à une confrérie - la Tijaniyya -, nous disons du savant sénégalais Cheikh Ahmed Tidiane SY - Serigne Cheikh - qu'il est un soufi, grand adepte de la doctrine - le soufisme - dont les principes fondamentaux sont « la foi en Dieu, l'imitation du Prophète Mahomet, l'étude du Coran et l'amour du travail ».

Prenant la parole à Tivaouane, le 14 mai 2003, à l'occasion de la célébration de la naissance du Prophète Mahomet, Serigne Cheikh consacra sa communication aux pouvoirs - au nombre de sept (le pouvoir-être ou âme, la raison, la conscience, la mémoire, l'intellect, la logique et le travail) -, dont Dieu demanda aux sept secteurs correspondant de déléguer lesdits pouvoirs à l'Homme qu'il ne créa qu'après avoir fini d'établir tout le règne animal à travers les espèces, connues ou non encore connues, qui le constituent. Doté de toute une administration, le pouvoir-être veille sur l'intégrité et la pérennité des valeurs dont la transmission au sein des communautés humaines est assurée par les envoyés de Dieu. Pendant ce temps, la raison a, elle, vocation à amoindrir la nocivité des anti-valeurs appréhendées à travers les tendances - inclinations, propensions -, qui sont légion. De la démultiplication des tendances et de leur attractivité au sein des sociétés modernes naissent les systèmes dont les plus connus sont les systèmes politique, économique, financier, religieux, etc. Un système se définit alors moins par les éléments constitutifs, au meilleur des cas coordonnés par une ou plusieurs lois, que par les interactions entre lesdits éléments pour assurer l'équilibre que les acteurs en attendent. L'hypothèque sur l'équilibre attendu s'explique par la façon dont les tendances inhérentes aux systèmes se jouent des acteurs et la certitude pour chaque acteur d'être trop en avance sur le partenaire d'en face pour composer loyalement avec lui. Plutôt que de tirer d'affaire la société tout entière, les systèmes constituent à la longue des fardeaux dont il faut se débarrasser en prenant appui sur les pouvoirs délégués à l'Homme.

## Fond, forme et résultats

Les systèmes politiques et leurs excroissances économique, social, culturel, etc. sont un cas d'école pour mieux appréhender les cinq pouvoirs restants (la conscience, la mémoire, l'intellect, la logique et le travail) délégués à l'Homme par les cinq secteurs complémentaires dès après sa création par Dieu. Dans le fond, la conscience, adossée à la mémoire du prometteur, intime l'homme politique à respecter ses engagements. Pour la forme, adaptée au fond, l'intellect fait bloc avec la logique de l'acteur politique. La sévère critique fondée et faite à Ousmane Sonko et à ses amis politiques avant le scrutin du 24 mars 2024 a toujours été d'attirer leur attention sur la forme inadaptée - lynchage numérique à travers les réseaux sociaux, appel à l'insurrection, mort d'hommes pendant les manifestations -, au fond de leurs revendications et promesses politiques dans une démocratie capable de porter à la magistrature suprême le candidat que la presse étrangère dit être « l'inconnu que personne n'attendait ».

Maintenant que les jeux sont faits, l'ultime pouvoir - le travail -, conféré au nouveau président élu du Sénégal, Bassirou Diomaye Diakhar FAYE, par le septième et dernier secteur délégant, permet d'engranger les bons résultats attendus par plus de 18 millions de Sénégalais d'ici 2029. Le rendez-vous manqué ou pas sera établi à l'aune des 69 « changements de systèmes » - autant de réformes -, consignés dans le « Projet » - considéré comme perfectible par Ousmane Sonko - où n'apparaît nulle part le mot « antisystème » dont le maniement inconsidéré dans les médias est plus pourvoyeur de voix qu'un programme que très peu d'électeurs lisent. Dans sa chronique - *Libération* (15 février 2017) -, l'historien, professeur d'histoire contemporaine à Paris-Sorbonne, Johann Chapoutot, ne s'y trompe pas : « Le "Système" est riche de toutes les terrifiantes significations qu'on veut bien lui attribuer. Et les candidats antisystème ne cesseront pas de sitôt de faire prospérer ce petit capital sémantique. »

### Dépouillement

Est trop facile pour tout le monde d'établir la manière dont le premier discours à la Nation, prononcé le 3 avril 2024, du nouveau président élu, Bassirou Diomaye Diakhar FAYE, rétablit la vérité sur les institutions de la République - principale pomme de discorde -, en laissant entendre que « les changements significatifs que nous venons de vivre de façon paisible, témoignent, une fois de plus, de la maturité de notre peuple, de la vitalité de notre démocratie et de la force de nos institutions. Nous devons tous être fiers de cette belle performance ». Si la « performance » n'est pas celle du « système » décrié pendant une décennie d'opposition, elle n'est pas non plus l'exploit d'un « antisystème » fantôme. Inutile d'insister - c'est le Président qui parle -, sur « notre liberté retrouvée », les « pensées à nos vaillants résistants », le « vibrant hommage » rendu aux « prédécesseurs, les présidents SENGHOR, DIOUF, WADE et SALL », la réaffirmation de « la reconnaissance de la Nation » aux « officiers, sous-officiers et militaires du rang, qui [ont] choisi le métier risqué des armes ». « Le Sénégal, notre abri commun, que nous aimons tous, dit le Président, ne commence pas par nous, et ne finit pas avec nous. » Que faire alors d'autre que « revisiter les mécanismes existants, les améliorer et les rationaliser afin qu'ils répondent mieux aux besoins d'emploi et autres activités génératrices de revenus pour les jeunes » ? À cet effet, rien de mieux que la « Norme ITIE »

(Initiative pour la transparence dans les industries extractives) chipée au « Système ». Il y a six ans déjà, dans le souci (pédagogique) de faire « comprendre l'industrie pétrolière et ses enjeux au Sénégal », l'ingénieur géologue Fary NDAO, auteur d'un essai bien écrit - ce qui est rare -, intitulé « L'or noir du Sénégal » (Compte d'auteur, 2018), précisait qu'au « Sénégal, le CN-ITIE (Comité national - Initiative pour la transparence dans les industries extractives) est [...] chargé de recruter un cabinet indépendant qui vérifie la conformité des données publiées correspondant aux revenus qui doivent être perçus par l'État et ceux qui sont effectivement perçus par l'État ».

L'initiative FiTI (Fisheries Transparency Initiative) est pour l'exploitation des ressources halieutiques ce que l'ITIE représente dans l'extraction minière Mais de l'avis des professionnels du secteur de la pêche, le Sénégal n'a pas fait montre de la même diligence pour adhérer au standard FiTI qu'à l'ITIE. Consacré au regard décisionnel sur la pêche, la deuxième partie de ce livre indique la façon de s'y prendre pour l'adhésion au standard FiTI afin de venir à bout de la crise de la pêche et la saignée migratoire qu'on n'hésite plus à lui imputer.

Le président FAYE ne s'y prendrait donc pas autrement pour dépouiller l'antisystème dont il ne dit d'ailleurs rien dans le « Projet » bâclé, à sa sortie de prison, juste pour les besoins d'une campagne électorale inattendue. Ramené à l'idéal créationniste et évolutionniste, l'antisystème n'est ni plus ni moins que l'exaltation incompétente des pouvoirs délégués au stade de la création de l'Homme et qui depuis constituent le meilleur prisme explicatif des tendances qui gangrènent les sociétés humaines modelées par mille et un systèmes aussi perfectibles les uns que les autres.

# Chapitre 5

## Transparence et participation

L'économie est la conduite adoptée lorsque la disponibilité des biens (logement, moyens de transport, etc.) et des services (vêtements, boisson, nourriture, soins, énergie, information, culture, etc.) ne suffit pas à satisfaire les besoins exprimés.

L'économie maritime est la branche de l'économie qui s'intéresse aux aspects économiques des activités liées à la mer. Ces activités comprennent la pêche, l'aquaculture marine, le transport, etc. L'intérêt à étudier l'économie maritime réside dans le besoin d'identification de toutes ses composantes et dans la nécessité d'en tirer le meilleur parti par la mobilisation de moyens appropriés.

L'ensemble des possibilités nationales et internationales sous-exploitées et/ou non encore exploitées, pouvant inciter le pays à s'orienter vers de nouvelles politiques publiques liées à la mer, constitue le potentiel maritime du Sénégal. Le rôle essentiel de connexion entre la terre ferme et la mer qu'ils jouent fait de la côte et du littoral des lieux où ce potentiel peut être apprécié. Par côte, il faut comprendre ici « le trait de côte [qui] correspond à la ligne atteinte par les plus hautes eaux par temps calme ». Quant au littoral, difficile à définir, il est considéré ici comme la bande de terre comprise entre l'étendue maritime et la terre ferme.

Grâce aux travaux des géographes, l'importance stratégique du littoral sénégalais n'échapperait même plus aux écoliers. Mais leur a-t-on une fois parlé d'un tour du monde des finistères - avancées de terre vers l'océan -, qui mène à ceux, quasi identiques, de Bretagne et d'Alaska et au finistère oriental de l'Asie ? Celui de la Presqu'île du Cap-Vert fait de la capitale sénégalaise un carrefour maritime de tout premier plan et une escale précieuse dont l'enjeu militaire et commercial est considérable (BA, 1992). Point de ravitaillement stratégique pour la navigation sur les routes méridiennes de l'Afrique de l'Ouest, vers les Canaries et le Sud du Maroc, sur les routes reliant l'Afrique à l'Europe, à l'Amérique du Sud et aux Antilles, le finistère sénégalais est unique dans son genre. Avec le port de Dakar, le Sénégal dispose de l'une des meilleures rades en eau profonde dont on ne trouve une autre comparable qu'à Freetown en Sierra Leone. À cela s'ajoute le canyon naturel de Kayar pouvant accueillir un port d'hydrocarbures – cela avait déjà été tenté -, maintenant qu'a commencé l'exploitation des ressources pétrolières et gazières découvertes depuis peu au Sénégal.

Le point de l'intérieur du pays le plus éloigné de la mer se trouvant à moins de 500 km, on peut, en matière de potentiel maritime, déplorer le grand déséquilibre qui existe entre les régions périphériques continentales et les régions côtières atlantiques où « l'appel de la mer » reste toujours plus fort. Même là, les activités à travers lesquelles se manifeste cet appel ne suffisent pas à faire le tour complet des possibilités qui s'offrent au pays à côté de celles bien connues (pêche, exploitation des salines, transport fluvio-maritime, tourisme balnéaire, etc.) et sur lesquelles il y a encore beaucoup à dire et à faire.

Les données fournies portent sur 718 km de côtes et 198 000 km$^2$ d'espaces maritimes. La subdivision du littoral permet d'y voir plus clair. Ce dernier comprend la Grande Côte, la Petite Côte et la Casamance maritime. La Grande Côte correspond au secteur Nord du littoral qui s'étend de la Presqu'île du Cap-Vert à l'embouchure du fleuve Sénégal. Caractérisée le long de cette partie Nord du littoral par des ensembles dunaires et des dépressions dunaires plus ou moins inondées, la région des Niayes est surtout connue pour la culture maraîchère intense qu'on y pratique. C'est également dans ce secteur Nord du littoral que se situent le canyon naturel de Kayar et le Lac Rose très convoité. Les façades occidentales de quatre régions martimes se situent sur la Grande Côte. Il s'agit des régions maritimes de Saint-Louis, Louga, Thiès et Dakar. S'étendant de Dakar à la Pointe de Sangomar, la Petite Côte englobe l'estuaire du Saloum. Son paysage dominé par la mangrove tropicale se caractérise également par les tannes qui sont des sols salés en rupture avec les terres arables. La barrière que constituent le massif de Ndiass et le micro-horst de Bargny est plutôt favorable à la Petite Côte. C'est ici que se situe la façade atlantique des régions maritimes de Fatick et de Kaolack. La Casamance maritime ou Basse Casamance s'étend de la Gambie à la Guinée Bissau. Comparable au Bas-Saloum par la zone estuarienne et au Saloum par les formations d'imposants sols salés situés au centre des vasières à mangrove, la Basse Casamance abrite la région maritime de Ziguinchor.

Le Sénégal compte alors sept régions maritimes (Saint-Louis, Louga, Thiès, Dakar, Fatick, Kaolack et Ziguinchor) sur le total actuel de 14 régions. Mais les Sénégalais sont-ils vraiment un peuple tourné vers la mer ? Les réserves anciennes et moins anciennes sur les réponses démographique, économique et stratégique à « l'appel de la mer » offrent d'intéressantes indications supplémentaires sur un potentiel maritime on ne peut plus digne d'intérêt au moment où la ressource s'invite régulièrement dans le débat politique à travers des thématiques difficiles comme la relation, réelle ou supposée, entre l'état controversé des stocks et l'émigration clandestine de cohortes significatives de candidats jeunes et moins jeunes à une aventure trop risquée.

On voit bien que la mise en relief du potentiel maritime, la collecte de l'information et l'analyse appropriée de celle-ci permettent de rendre compte du rayonnement maritime d'un territoire. Dans le cas du Sénégal, les échelles nationale et départementale d'analyse sont d'autant plus pertinentes que le Code général des collectivités territoriales (dispositions 296 à 298), adopté en 2013, confère aux départements et aux communes un droit de regard sur le Domaine public maritime (DPM). Ce dernier est le « sous-ensemble qui comprend la mer territoriale, le plateau continental, la mer intérieure, les rivages de la mer et la zone des 100 mètres à compter des plus hautes eaux ».

A l'échelle nationale et départementale, la sécurité alimentaire, la valeur ajoutée et l'emploi permettent d'évaluer correctement le poids de l'économie maritime à travers les contributions d'un secteur marchand (ressources marines, activités manufacturières et services) et d'un secteur public (Marine nationale, recherche marine, protection de l'environnement marin et côtier et intervention de l'État en mer).

« En 2015, soulignent les rédacteurs du Livre Blanc des réalisations du gouvernement (2012-2017), le secteur de la Pêche a occupé la première place des exportations avec prés de 195,6 milliards de FCFA, soit 20,87% des recettes d'exportation totales et participe à hauteur de 3,2 % du PIB. » Cinq ans plus tard, le 19 septembre 2020, entrait en vigueur pour le Sénégal la Convention du travail maritime (MLC, 2006) dont les instruments de ratification avaient été enregistrés un an plus tôt. Ladite convention « établit les normes minimales de travail et de vie qui s'appliquent à tous les gens de mer travaillant à bord de navires ». Cette ratification suscite la recherche d'un compromis dynamique entre les dispositions du Code de la pêche maritime (CPM) relative aux accords internationaux de pêche et « la volonté de développer la flotte sénégalaise ainsi que les opportunités d'emploi décent pour les gens de mer » regroupés notamment autour de l'Association pour la promotion et la responsabilisation des acteurs de la pêche artisanale maritime (APRAPAM) visant, entre autres, « l'amélioration des conditions de santé et de travail » dans le secteur et l'Union nationale des pêcheurs artisanaux du Sénégal (UNAPAS) qui demande, elle, à l'État du Sénégal de « surseoir aux accords [de pêche] avec l'Union européenne ». C'est que les dispositions - loi n° 2015-18 du 13 juillet 2015 abrogeant la loi n° 98-32 du 14 avril 1998 - du CPM (Article premier) « sont applicables :

- à toutes les personnes physiques et morales pratiquant la pêche dans la limite des eaux maritimes sous juridiction sénégalaise ;
- aux équipements et navires de pêche, sans **préjudice de dispositions particulières d'accords internationaux** ;
- aux navires de nationalité sénégalaise pêchant en Haute mer ».

En pleine pandémie (en avril et mai 2020 déjà), le Conseil national interprofessionnel de la pêche artisanale au Sénégal (CONIPAS) et le Groupement des armateurs et des industriels de la pêche au Sénégal (GAIPES) se disaient toujours « défavorables à toute attribution de nouvelles licences de pêche industrielle et à toute sénégalisation de navires étrangers ». Aussi le CONIPAS exhorte-t-il les membres de la Commission consultative d'attribution des licences de pêche (CCALP) à promouvoir le débat interne à la Commission pour l'élaboration d'avis consensuels à soumettre à l'Autorité publique. Prenant la parole, le 03 février 2016 à Nouakchott, à la première conférence internationale de la Fisheries Transparency Initiative (FiTI), l'ancien président Macky SALL abondait dans le même sens en ces termes : « **Promouvoir la transparence c'est d'abord améliorer l'accès à l'information du public. C'est ensuite adopter une gestion participative, avec l'implication de l'ensemble des acteurs dans le processus décisionnel. C'est enfin définir des normes et stratégies de gestion consensuelles fondées sur la durabilité**. » Sur chacun des mots clés du propos de l'ancien président (transparence, participation et durabilité), le standard de la FiTI d'avril 2017 donne d'importantes indications. Comme on pouvait s'y attendre, ledit standard (voir encadré) se prononce clairement sur les accords de pêche trop souvent dénoncés, avec ou sans raison valable, au Sénégal.

---

### LE STANDARD FiTI 2017

**Considérations générales sur la transparence et la participation**

Des organisations intergouvernementales, telles que l'Union Européenne et l'Union Africaine, ont également mis en avant le besoin de renforcer la transparence dans les réformes du secteur des pêches. Cela contribue à accroître les exigences vis-à-vis des gouvernements en matière de divulgation d'informations sur la gestion des pêcheries nationales. Les grandes entreprises de pêche commerciale font, elles aussi, l'objet d'un examen de plus en plus attentif de la part du public en ce qui concerne les impacts économiques, environnementaux et sociaux de leurs activités.

La transparence est donc une condition préalable à des débats publics éclairés sur les politiques de pêche. Elle est également indispensable à une participation significative des parties prenantes concernées par la prise de décisions relatives à la pêche. Mais la disponibilité d'informations à elle seule ne suffit pas ; il est également essentiel que celles-ci soient accessibles et que les citoyens aient l'assurance que les informations fournies par les gouvernements et les entreprises de pêche sont crédibles. Ce défi ne semble pas pouvoir être relevé par un seul acteur ou groupe de parties prenantes. Un effort collectif de la part de tous les acteurs concernés sera nécessaire pour prendre en compte les perspectives de tous et pour renforcer la transparence et la confiance au fil du temps.

Dans ce contexte, l'Initiative pour la Transparence des Pêches a été créée comme une initiative unique complétant et soutenant d'autres efforts nationaux, régionaux, et mondiaux, pour parvenir à une gouvernance responsable des pêches. L'objectif de la FiTI est de renforcer la transparence et la participation dans la gouvernance des pêches, pour une gestion plus durable des pêches maritimes. La FiTI est une initiative mondiale et ne se concentre pas sur un seul pays ou sur une seule région du monde. De plus, la FiTI n'est pas la propriété d'une seule organisation, ni ne représente le travail d'un seul groupe d'intérêt. Au contraire, la diversité des différentes parties prenantes est un élément central du fonctionnement de la FiTI, tant pour les mises en œuvre nationales que pour la gouvernance internationale.

Au cœur de l'initiative se trouve le Standard de la FiTI, un accord qui définit quelles informations relatives à la pêche devraient être publiées en ligne par les autorités publiques. Il comprend 12 exigences de transparence et s'applique à tous les pays. Le Standard FiTI fournit aux gouvernements, à l'industrie de la pêche (industrielle et/ou artisanale) et à la société civile un instrument complet et crédible pour atteindre et maintenir des niveaux élevés de transparence dans la gestion de la pêche maritime, des activités des pêcheurs et des entreprises de pêche.

La FiTI n'exige pas de tous les pays qu'ils disposent de données complètes pour chaque niveau de transparence dès le début de la mise en œuvre. Les autorités publiques doivent divulguer les informations dont elles disposent et, là où des lacunes importantes existent, elles doivent démontrer des améliorations au fil du temps. Ainsi, participer à la FiTI ne demande pas d'activité de recherche lourde et coûteuse. Le Standard FiTI a été conçu de telle sorte que n'importe quel pays puisse le mettre en œuvre, y compris ceux dont les ressources pour collecter les informations sont limitées. La FiTI peut même être particulièrement utile pour ces pays, en soutenant les autorités nationales dans leurs efforts d'organisation et de présentation de l'information.

La mise en œuvre de la FiTI est volontaire. Afin de s'assurer que tous les pays qui mettent en place l'initiative avancent vers les mêmes niveaux de transparence, le Standard FiTI définit des exigences minimales pour les pays qui cherchent à prendre part à l'initiative. Le respect de ces exigences sera validé régulièrement par le Conseil d'administration international de la FiTI. Cette validation garantit non seulement l'intégrité de la FiTI, en soumettant tous les pays mettant en œuvre l'initiative aux mêmes critères, mais elle aide aussi à promouvoir le dialogue et le partage d'expérience, aux niveaux national et interétatique.

L'intention d'adhérer à la FiTI doit provenir du gouvernement d'un pays. Un pays doit remplir six étapes d'adhésion et soumettre une demande de Candidature au Conseil d'administration International de la FiTI. Si la demande est approuvée, le pays est considéré comme pays Candidat à la FiTI. La phase suivante consiste à mettre en œuvre la FiTI, ce qui nécessite la réalisation du Rapport FiTI. Après ses premiers rapports et après avoir passé avec succès la première validation, un pays est déclaré « pays Conforme » à la FiTI. Ce statut est maintenu si le pays continue de se conformer au Standard FiTI lors des validations suivantes. Le statut de « pays Conforme » à la FiTI peut être annulé si le pays ne respecte plus le Standard FiTI, y compris s'il ne publie pas des informations requises par les exigences de transparence du Standard qui sont pourtant disponibles, ou s'il est prouvé que la participation multipartite n'est pas appliquée de manière efficace.

La FiTI ne montre pas directement aux pays comment mieux gérer leur secteur halieutique, pas plus qu'elle ne vise à mettre en évidence les erreurs ou les faiblesses dans la prise de décision, ou encore les mauvaises pratiques de pêche. Elle fournit, toutefois, l'opportunité d'accroitre les niveaux de transparence et d'améliorer un accès public à l'information ; ce qui peut aider les pays à maintenir ou à atteindre une solide gouvernance démocratique et une plus grande prise de responsabilité dans le secteur de la pêche.

Ces dernières années ont vu l'émergence de plusieurs initiatives multipartites de transparence dans divers secteurs industriels, comme par exemple l'initiative pour la Transparence dans les Industries Extractives (ITIE).

La FiTI s'appuie sur ces expériences en reproduisant certains éléments de leur processus et de leur système de gouvernance pour une meilleure cohérence entre les différentes initiatives multipartites de transparence dans l'ensemble des industries. La FiTI reconnaît également que le secteur de la pêche présente des caractéristiques uniques qui requièrent des exigences propres et sur mesure concernant les types d'informations et la manière dont celles-ci doivent être publiées.

Les parties prenantes du secteur telles que les gouvernements et les industriels de la pêche, sont de plus en plus conscients du fait que la transparence n'est pas seulement une obligation qui leur est imposée, mais quelle leur est aussi bénéfique. En rendant la gestion des pêches plus transparente et plus inclusive, la FiTI génère des bénéfices pour toutes les parties prenantes. La FiTI permet également de s'attaquer à d'autres enjeux qui concernent tous les acteurs du secteur de la pêche, notamment en contribuant à la sécurité alimentaire et à la nutrition ainsi qu'à la stabilité sociale, en aidant à assurer la durabilité des écosystèmes marins et en soutenant la lutte contre la corruption et la pêche illégale, non déclarée et non réglementée.

**Douze (12) exigences de transparence**

Le Standard FiTI a été initialement axé sur les 12 exigences de transparence suivantes :

1. Registre public des lois, règlements et documents nationaux officiels relatifs à la pêche ;

2. Résumé des lois et des décrets concernant les régimes fonciers relatifs à la pêche ;

3. Publication de tous les accords de pêche signés avec des États étrangers.;

4. Publication des rapports nationaux existants sur l'état des ressources halieutiques ;

5. Registre public en ligne des navires de pêche industrielle autorisés, y compris des informations sur leurs paiements et leurs captures enregistrées ;

6. Informations relatives au secteur de la pêche artisanale, y compris le nombre de pêcheurs, leurs captures et leurs transferts financiers à l'État ;

7. Informations relatives au secteur post-capture et à la commercialisation de produits de la pêche ;

8. Informations concernant les efforts d'application de la loi, y compris une description des moyens déployés pour assurer le respect des lois par les pêcheurs et un registre des infractions commises ;

9. Informations sur les normes du travail dans le secteur de la pêche ;

10. Informations relatives aux transferts financiers du gouvernement et aux subventions à la pêche ;

11. Informations sur l'aide officielle au développement octroyée aux projets du secteur public liés à la pêche et à la conservation du milieu marin ;

12. Informations sur l'état des lieux de la transparence de la propriété effective dans le pays.

Le Standard FiTI reconnaît que la transparence doit concerner tous les segments du secteur de la pêche, y compris la pêche industrielle et artisanale, bien que le niveau de détail attendu ne puisse pas être le même pour chaque segment. Il est donc attendu que la pêche industrielle fournisse des informations plus détaillées que la pêche artisanale.

**Prérequis pour les pays souhaitant mettre en œuvre la FiTI**

Décrire les exigences à satisfaire par les pays souhaitant mettre en œuvre la FiTI.

Ces « étapes d'adhésion » exigent que le gouvernement s'engage publiquement à l'égard de la FiTI et qu'il démontre qu'il existe un environnement favorable à la participation des parties prenantes. Le Standard décrit comment les pays doivent nommer un Haut Responsable en Charge de la FiTI, créer un Groupe National Multipartite, mettre en place un Secrétariat National et élaborer un premier plan de travail.

**Exigences pour les pays engagés dans le processus de mise en œuvre**

Le Standard décrit les conditions que les pays doivent remplir pour réussir la mise en œuvre de la FiTI. Ces exigences incluent la publication d'informations dans le domaine public, la production de rapports FiTI réguliers, la promotion de la FiTI pour contribuer plus largement au débat public et le maintien d'un cadre national de mise en œuvre de la FiTI (y compris la participation et le contrôle de toutes les parties prenantes).

**Principes de la FiTI**

Les Principes de la FiTI constituent le fondement de l'initiative et de sa mise en œuvre. Ils définissent les convictions, les objectifs et les attentes des parties prenantes de la FiTI. Les Principes ont été adoptés à l'unanimité et par acclamation lors de la 1ère Conférence internationale de la FiTI en février 2016.

Principe 1

La pêche durable contribue de manière significative à la sécurité alimentaire, à la réduction de la pauvreté et au développement durable et, par conséquent, à une meilleure stabilité politique nationale et régionale ainsi qu'à une plus grande résilience face aux effets du changement climatique.

Principe 2

Les gouvernements souverains sont responsables de la gestion durable des pêches, mettant les richesses halieutiques nationales au bénéfice de leurs citoyens, pour promouvoir l'intérêt national, la sécurité alimentaire et nutritionnelle ainsi qu'un développement socioéconomique équitable.

Principe 3

Toutes les parties prenantes ont des contributions importantes et pertinentes à apporter, notamment les gouvernements et leurs agences, la pêche artisanale et industrielle, les organisations multilatérales, les organisations financières, les investisseurs, la société civile organisée et le monde académique.

Principe 4

La transparence est essentielle pour assurer une pêche responsable, puisqu'elle peut stimuler une demande active et accrue de redevabilité, contribuant ainsi à une meilleure prise de décision dans la gestion des pêches.

Principe 5

La transparence est plus efficace lorsque l'information est partagée et vérifiée par le biais d'une participation active, libre, efficace, significative et informée des gouvernements, des professionnels, de la société civile, des scientifiques et d'autres parties prenantes considérés comme partenaires égaux, permettant à toutes les parties prenantes de s'assurer de la fiabilité et de la légitimité des informations.

Principe 6

Pour que la transparence soit efficace, des informations pertinentes doivent être mises à la disposition du public sous une forme accessible et en temps opportun.

Principe 7

Le renforcement de la transparence et de la participation doit être réalisable et mis en place progressivement afin d'assurer le soutien le plus large à cette initiative.

**Environnement propice à la Participation des Parties Prenantes**

Le gouvernement doit s'engager à travailler avec la société civile et les professionnels de la pêche pour mettre en œuvre la FiTI. Pour cela, le gouvernement est tenu de garantir un environnement propice à la participation à la FiTI aux organisations de la société civile et aux professionnels de la pêche.

Pour qu'un environnement propice puisse exister, les acteurs concernés par la FiTI, qu'ils fassent ou non partie du Groupe National Multipartite, doivent être en mesure, entre autres, de parler librement de la transparence et d'autres enjeux liés à la gouvernance du secteur de la pêche.

**Exigences de transparence**

Les pays mettant en œuvre la FiTI doivent fournir, dans le domaine public (par exemple sur Internet), des informations accessibles et complètes sur le secteur de la pêche, conformément aux 12 exigences de transparence.

**Propriété effective**

Les pays mettant en œuvre la FiTI doivent publier des informations sur le statut du pays en ce qui concerne la transparence de la propriété effective :

i. la base juridique relative à la transparence de la propriété effective dans le pays ;

ii. la définition juridique, d'après le pays, de la propriété effective ;

iii. la disponibilité d'un registre public des propriétaires véritables ;

iv. les règles et procédures d'incorporation des propriétaires véritables dans les documents déposés par les sociétés auprès des organismes de réglementation, des bourses ou des organismes réglementant l'accès aux pêches et ;

v. la situation actuelle et les débats concernant la transparence de la propriété effective dans les pêches.

**Rapport FiTI**

Le Groupe national multipartite (GNM) doit produire régulièrement des rapports FiTI conformément aux dispositions énoncées dans la présente section. L'objectif d'un rapport FiTI est de:

- démontrer si les exigences de transparence de la FiTI ont été remplies, c'est-à-dire si les informations publiées par les autorités nationales sont accessibles et complètes, et si elles représentent les meilleures informations disponibles ;

- fournir un résumé succinct des informations demandées par les exigences de transparence afin de contribuer aux débats publics ;

- communiquer les recommandations du GNM, y compris celles pour améliorer la publication des données sur les exigences de transparence dans le domaine public, par exemple par le biais de bases de données gouvernementales, de sites Internet ou de rapports en ligne.

### Exigences en matière de rapports

Le GNM doit produire chaque année un Rapport FiTI. Pour chaque exigence de transparence, le GNM doit évaluer si les informations demandées sont rendues disponibles dans le domaine public par les autorités publiques et si ces informations sont considérées comme accessibles (c'est-à-dire que l'information est librement accessible en ligne et présentée de manière compréhensible) et complète (c'est-à-dire que l'information présente dans les systèmes gouvernementaux, tels que les dossiers publics, les registres ou les bases de données, ne contient aucune omission) et représente le meilleur niveau d'information disponible. S'il existe d'autres sources d'information, tels que des études, des rapports d'évaluation ou des enquêtes, qui contredisent, contestent, soutiennent ou complètent les informations publiées par les autorités nationales, le GNM doit chercher à rapprocher puis comparer les informations, et doit envisager d'inclure ces autres sources dans le Rapport FiTI. Le Rapport FiTI doit inclure des informations pour chaque exigence de transparence.

### Délais et périodes des rapports

Le GNM doit publier son premier Rapport FiTI dans l'année suivant son acceptation en tant que Pays Candidat à la FiTI. Le premier Rapport FiTI doit contenir des informations sur les exigences de transparence 1 à 6 énoncées plus haut et couvre l'année civile complète correspondant à l'année lors de laquelle le pays devient un pays candidat à la FiTI.

Un rapport FiTI sur deux doit également contenir des informations sur les exigences de transparence 7-12 énoncées plus haut. Ces informations doivent être ventilées par année civile.

**Nomination d'un Rédacteur de rapport**

Les informations sur les exigences de transparence énoncées plus haut doivent être regroupées par un Rédacteur de Rapport faisant preuve de déontologie professionnelle.

Le Rédacteur de Rapport ne peut être Membre du GNM. Il doit être perçu par le GNM comme indépendant, crédible, digne de confiance et techniquement compétent. Le GNM doit approuver la nomination du Rédacteur de Rapport.

Le GNM et le Rédacteur de Rapport doivent s'accorder sur des Termes de Référence (TDR) pour le Rapport FiTI.

Les TDR peuvent comprendre des exigences de transparence supplémentaires à celles prévues par le Standard FiTI, si le GNM en convient. Tout autre écart par rapport aux TDR ou aux procédures minimales des rapports FiTI doit être approuvé à l'avance par le Conseil d'administration International de la FiTI.

**Collecte d'informations dans le cadre du rapport FiTI**

Le GNM et le Rédacteur de Rapport doivent travailler conjointement pour s'assurer que l'ensemble du processus de Rapport FiTI soit perçu comme accessible et inclusif.

Le Rédacteur de Rapport doit consulter les organisations et experts nationaux et internationaux concernés pour s'assurer que l'évaluation des exigences de transparence est perçue comme étant crédible et digne de confiance, et que toute source d'information appropriée est prise en considération.

Pour chaque exigence de transparence, le Rédacteur de Rapport doit procéder à un examen approfondi des informations publiées par les autorités dans le domaine public afin d'évaluer si ces informations sont accessibles, complètes et exhaustives. Pour évaluer ce dernier point, le Rédacteur de Rapport doit être en mesure de demander des informations supplémentaires aux autorités nationales.

Lorsque les informations relatives aux exigences de transparence ne sont pas publiées en ligne avec le niveau de détail requis, le Rédacteur de Rapport doit demander des précisions supplémentaires aux autorités nationales compétentes, au nom du GNM et en étroite collaboration avec le Haut Responsable National FiTI du pays. Toutes les informations pertinentes détenues par les autorités gouvernementales doivent être mises à la disposition du Rédacteur de Rapport. Si le gouvernement ne les fournit pas, le pays peut perdre son statut de pays Conforme à la FiTI.

Lorsque les informations requises par les exigences de transparence sont publiées en ligne, mais que des informations provenant d'autres parties prenantes montrent des divergences avec celles-ci, le Rédacteur de Rapport doit chercher à résoudre le conflit.

Le Rapport FiTI pourrait contenir des informations primaires détaillées sur les exigences de transparence à cause du fait que ces informations ne sont pas publiées par les autorités publiques ou sont considérées comme inaccessibles ou incomplètes. Dans ce cas, lesdites informations doivent être fournies en annexe du Rapport principal.

---

En soutenant pour sa part que les Normes FiTI répondent aux préoccupations des pêcheurs, la Confédération africaine des organisations de pêche artisanale (CAOPA) encourage le Sénégal à y adhérer définitivement, à mettre en place un comité multipartite doté d'un secrétariat et d'un plan de travail comme c'est le cas depuis plusieurs années déjà pour les normes de l'Initiative pour la transparence dans les industries extractives (ITIE).

# Chapitre 6

# Regard décisionnaire

La qualité et la crédibilité des décisions prises dans les domaines de la pêche artisanale et industrielle et la possibilité pour les acteurs et le public « d'opérer une surveillance efficace et de demander une plus grande prise de responsabilité » dépendent de la qualité et de la crédibilité des informations disponibles.

Pour chacun des deux types de pêche, le standard FiTI (Fisheries Transparency Initiative) donne des indications précises sur les informations pertinentes d'aide à la prise de décision (voir encadrés FiTI1 et FiTI2).

---

**FiTI 1**
**MISE EN ŒUVRE DE LA FiTI DANS LE DOMAINE DE LA PÊCHE ARTISANALE**

Les pays mettant en œuvre la FiTI doivent publier des informations pertinentes sur le secteur de la pêche artisanale :

i. le nombre total d'embarcations de pêche artisanale, ventilées par catégorie de pêche ou type d'engin, conformément à la législation nationale ;

ii. le nombre total de licences de pêche délivrées aux embarcations de pêche artisanale, ventilées par catégorie d'autorisations ou permis de pêche conformément à la législation nationale ;

iii. le nombre total de pêcheurs artisans en indiquant le genre et la proportion de ceux qui travaillent à temps plein, les saisonniers ou travailleurs à temps partiel, les travailleurs occasionnels et ceux qui pratiquent la pêche de loisir;

iv. le montant total des paiements effectués par les professionnels de la pêche artisanale et relatifs aux autorisations ou permis de pêche, aux captures et aux débarquements, ventilés par catégorie d'autorisation de pêche ou par engin de pêche, conformément à la législation nationale. Le bénéficiaire de ces paiements doit également être spécifié ;

v. le volume des captures réalisées par la pêche artisanale, ventilées par espèce, par catégorie d'autorisation de pêche et par type d'engin, conformément à la législation nationale et ;

vi. le volume total des rejets, ventilés par espèce, par catégorie d'autorisation de pêche et par engin de pêche, conformément à la législation nationale.

Les pays engagés dans la mise en œuvre de la FiTI doivent publier les études et les rapports les plus récents sur les quantités et les espèces halieutiques rejetées par le secteur de la pêche artisanale, si disponibles.

Les pays engagés dans la mise en œuvre de la FiTI doivent publier les évaluations et les audits disponibles concernant la contribution économique, sociale et en termes de sécurité alimentaire du secteur de la pêche artisanale.

## FiTI 2
## MISE EN ŒUVRE DE LA FiTI DANS LE DOMAINE DE LA PÊCHE INDUSTRIELLE

En matière de pêche industrielle des informations comme l'état des stocks halieutiques et des écosystèmes marins, les conditions liées aux autorisations de pêche, les accords de pêche signés entre les nations de pêche et les États côtiers ou encore la quantité de poissons prélevée dans l'océan restent souvent inaccessibles.

### Registre des navires

Les pays engagés dans la mise en œuvre de la FiTI doivent mettre en ligne un registre actualisé de tous les navires industriels, battant pavillon national ou étranger, autorisés à pêcher dans les eaux relevant de la juridiction maritime de ces pays. Le registre doit également inclure tous les navires industriels battant pavillon national qui sont autorisés à pêcher dans les eaux relevant de la juridiction maritime de pays tiers et en haute mer. Pour chaque navire, le registre doit présenter les informations suivantes :

i. le nom du navire ;

ii. le propriétaire légal du navire, y compris son adresse et sa nationalité ;

iii. le port où le navire est enregistré ;

iv. l'État du pavillon du navire ;

v. le ou les numéros unique(s) d'identification du navire ;

vi. le type de navire, selon l'engin ou la méthode de pêche utilisée, en conformité avec la législation du pays ;

vii. les caractéristiques physiques du navire, y compris sa longueur, sa largeur, son tonnage et sa puissance motrice ;

viii. le nom de l'agent du navire, le cas échéant ;

ix. l'accord de pêche en vertu duquel le navire est autorisé à pêcher, le cas échéant ;

x. le type d'autorisation de pêche détenue par le navire ;

xi. la quantité et les espèces ciblées, les prises accessoires que le navire est autorisé à pêcher et les rejets autorisés, s'ils sont spécifiés dans l'autorisation de pêche du navire ;

xii. la durée de l'autorisation de pêche, en indiquant les dates de début et de fin ;

xiii. le titulaire des droits pour qui le navire pêche, le cas échéant, y compris le nom et la nationalité du titulaire de ces droits et ;

xiv. le pays et/ou les zones en haute mer où le navire est autorisé à pêcher (applicable aux navires battant pavillon national opérant dans des pays tiers ou en haute mer).

**Paiements pour les activités de pêche**

Les pays mettant en œuvre la FiTI doivent publier des informations accessibles et complètes sur les paiements effectués par chaque navire mentionné au point B.1.5 du Standard pour ses activités de pêche :

i. le nom de la personne physique ou morale qui a effectué le paiement ;

ii. le nom de l'autorité nationale qui a reçu le paiement ;

iii. la date à laquelle l'autorité nationale a reçu le paiement et ;

iv. le but du paiement.

Les informations sur les paiements aux autorités portuaires doivent être présentées séparément de celles relatives aux paiements pour les activités liées à la pêche.

**Données sur les captures enregistrées**

Les pays mettant en œuvre la FiTI doivent publier des informations relatives aux navires énumérés dans l'exigence sur le registre des navires :

i. captures effectuées par les navires battant pavillon national : le volume des captures annuelles enregistrées et conservées à bord selon l'espèce ou le groupe d'espèces et ventilées par autorisation de pêche ou par engin de pêche. Ces captures doivent aussi être présentées selon qu'elles ont été pêchées dans les eaux relevant de la juridiction maritime du pays, en haute mer ou dans les eaux de pays tiers ;

ii. captures effectuées par les navires battant pavillon étranger : le volume des captures annuelles enregistrées et conservées à bord selon l'espèce ou le groupe d'espèces, ventilées par autorisation de pêche ou par engin de pêche, présentées séparément pour chaque État de pavillon ;

iii. débarquements dans les ports nationaux : le volume des débarquements annuels enregistrés dans les ports nationaux par espèce ou par groupe d'espèces capturées dans les eaux relevant de la juridiction maritime du pays, ventilés par autorisation de pêche ou par engin de pêche et présentés séparément pour chaque État du pavillon ;

iv. transbordements et débarquements dans les ports étrangers : Quantité de transbordements annuels enregistrés en mer ou débarquements dans les ports étrangers selon les espèces ou groupes d'espèces capturées dans les eaux relevant de la juridiction maritime du pays, ventilés par autorisation de pêche ou par engin de pêche et présentés séparément pour chaque État du pavillon.

Les pays mettant en œuvre la FiTI doivent publier des informations sur les quantités enregistrées de rejets par espèce ou groupe d'espèces, ventilées par autorisation de pêche ou par engin de pêche, présentées séparément pour chaque État du pavillon, si disponibles. Des informations doivent être publiées sur la manière dont les autorités nationales collectent les informations relatives aux rejets.

Les pays mettant en œuvre la FiTI doivent publier les études et rapports les plus récents sur l'effort de pêche enregistré des navires, ventilé par type de pêche ou par engin et par État du pavillon, si disponibles.

Les pays mettant en œuvre la FiTI doivent publier les évaluations et audits disponibles relatifs à la contribution économique, sociale et en termes de sécurité alimentaire du secteur de la pêche industrielle.

---

Les informations officielles sur le type de pêche permettent de montrer la conformité ou non des données au standard correspondant - FiTI1 ou FiTI2 -, et, en cas de non conformité, le travail qu'il reste à faire pour satisfaire le besoin de transparence et de participation des acteurs et d'information du grand public.

S'agissant des données disponibles, à la Direction des pêches maritimes (DPM) du ministère des Pêches et de l'Économie maritime sur la pêche artisanale et sur la pêche industrielle, elles sont présentées dans deux tableaux synoptiques dont l'exploitation fournit des indications sérieuses utiles à la prise de décision.

### Regard décisionnaire sur la pêche artisanale

Le regard décisionnaire - qui concerne la prise de décision -, sur la pêche artisanale est fait en partant du tableau synoptique (Tableau 6.1) sur la situation, pour l'année 2018, de la pêche artisanale dans les sept régions maritimes du Sénégal (Dakar, Fatick, Kaolack, Louga, Saint-Louis, Thiès et Ziguinchor). Ledit tableau se présente ainsi qu'il suit.

**Tableau 6.1**

Tableau synoptique de la pêche artisanale en 2018

| | NOMBRES DE PIROGUES ACTIVES ESTIMES | | NOMBRE DE PECHEURS ESTIMES | MISES A TERRE | | CONSOMMATION DE PRODUITS FRAIS | MAREYAGE DES PRODUITS FRAIS | PRODUITS TRANSFORMES | | EXPORTATIONS | | | |
|---|---|---|---|---|---|---|---|---|---|---|---|---|---|
| | | | | | | | | | | FRAIS | | TRANSFORMES | |
| | PIROGUES MOTEUR | AUTRES PIROGUES | | QTE (tonnes) | VCE EN MILLIERS DE CFA | QTE (t) | QTE(t) | QTE(t) | VCEx1000 | QTE (t) | VCEx1000 | QTE (t) | VCEx1000 |
| DAKAR | 3 316 | 135 | 21 839 | 85 056 | 50 213 688 | 8 181 | 36 795 | 7 564 | 5 506 837 | 242 | 142 868 | 5 215 | 3 796 542 |
| THIES | 4 216 | 78 | 26 447 | 178 240 | 75 529 191 | 12 135 | 95 856 | 17 211 | 8 856 386 | 55 | 23 094 | 10 479 | 5 392 620 |
| ST-LOUIS | 674 | - | 4 877 | 42 769 | 11 943 487 | 2 239 | 27 811 | 667 | 356 090 | 5 | 1 396 | - | - |
| ZIGUINCHOR | 1 083 | 919 | 8 631 | 67 491 | 27 643 511 | 13 783 | 21 228 | 11 753 | 9 409 480 | 1 513 | 619 683 | 3 806 | 3 047 300 |
| FATICK | 963 | 169 | 6 556 | 21 581 | 11 299 850 | 1 037 | 10 538 | 1 434 | 1 731 836 | 13 | 6 689 | 137 | 165 279 |
| LOUGA | 151 | - | 796 | 2 623 | 1 517 544 | 332 | 1 677 | 170 | 119 768 | - | - | - | - |
| KAOLACK | 42 | 165 | 894 | 884 | 276 829 | 483 | 84 | 125 | 5 104 | - | - | 149 | - |
| TOTAL | 10 445 | 1 467 | 70 041 | 398 643 | 178 424 100 | 38 189 | 193 990 | 38 924 | 25 985 500 | 1 827 | 793 731 | 19 786 | 12 401 741 |
| Rappel 2017 | 9 922 | 2 012 | 71 531 | 394 036 | 140 089 428 | 37 451 | 208 804 | 41 474 | 23 453 972 | 2 319 | 940 784 | 20 053 | 10 783 792 |
| Evolution | 5% | -37% | -2% | 1% | 27% | 2% | -8% | -7% | 10% | -27% | -19% | 1% | 13% |

<u>Source</u> : Direction des pêches maritimes (DPM)

Le tableau synoptique ci-dessus permet effectivement de déterminer le nombre total d'embarcations - ici des pirogues -, de pêche artisanale, ventilées par type d'engin motorisé ou pas (Figure 6.1).

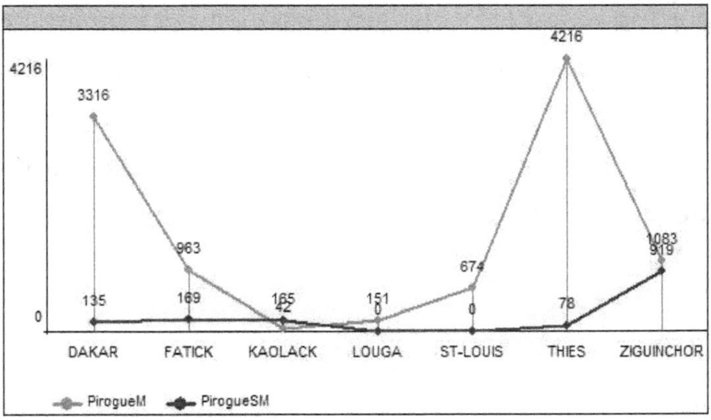


Figure 6.1 : Nombre de pirogues avec et sans moteur par région maritime en 2018

PirogueM = Pirogue avec moteur

PirogueSM = Pirogue sans moteur

Le graphique de type baromètre (Figure 6.2), réalisé à partir des données du tableau synoptique, montre que la région maritime de Kaolack, mal lotie, dispose d'un parc de pirogues motorisées ne représentant que 20,3% du total des embarcations.

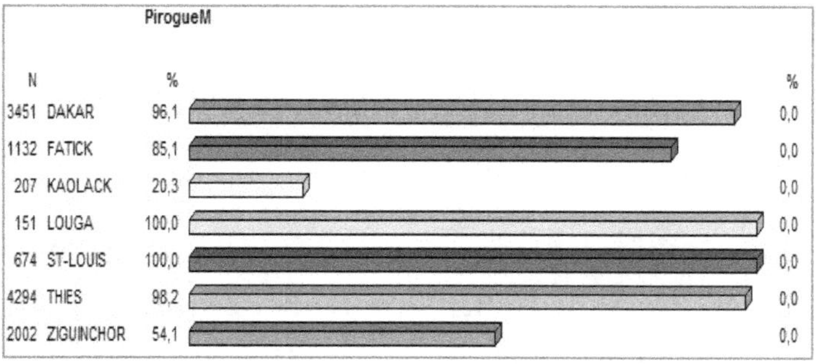


Figure 6.2 : Baromètre des pirogues motorisées par région maritime en 2018

PirogueM = Pirogue motorisée

S'agissant du nombre total de licences de pêche délivrées aux embarcations de pêche artisanale, ventilées par catégorie d'autorisations ou permis de pêche (Tableau 6.2), la conformité avec le standard FiTI1 ne peut être établie qu'en relation avec les principaux acteurs du secteur.

**Tableau 6.2**

Permis délivrés par région maritime

| REGION | Permis_ A | Permis_B | Permis_C | Etranger | TOTAL |
|---|---|---|---|---|---|
| Dakar | 0 | 1811 | 455 | 0 | **2266** |
| THIES | 6 | 3786 | 554 | 0 | **4346** |
| ST-LOUIS | 0 | 912 | 672 | 0 | **1584** |
| ZIGUINCHOR | 0 | 1364 | 322 | 10 | **1696** |
| FATICK | 123 | 1449 | 508 | 0 | **2080** |
| LOUGA | 0 | 192 | 0 | 0 | **192** |
| KAOLACK | 4 | 11 | 1 | 0 | **16** |
| **TOTAL** | **133** | **9525** | **2512** | **10** | **12180** |

Arrêté ministériel n° 5308 du 07 avril 2015

Permis A pour la pêche à pied

Permis B pour les pirogues de 0 à 13 mètres

Permis C pour les pirogues de plus de 13 mètres

Le graphique de type baromètre ci-dessous (Figure 6.3) montre que l'attribution de Permis A pour la pêche à pied ne concerne que les régions maritimes de Fatick et celle de Kaolack, cette dernière se trouvant à la traîne avec 25 % de permis A du total de permis octroyés.

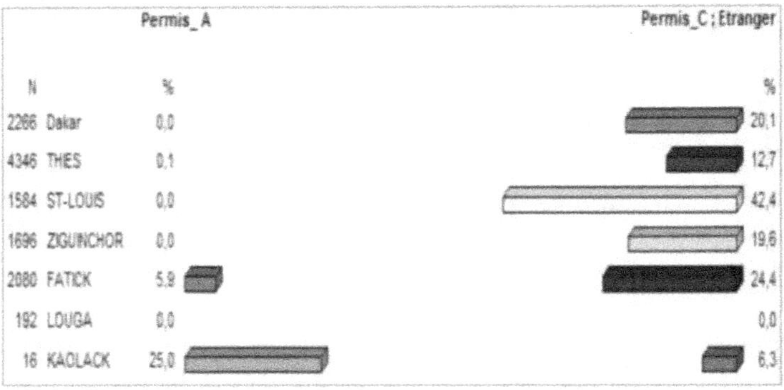


Figure 6.3 : Baromètre des permis délivrés par région maritime

Conformément au standard FiTI1, relatif à la pêche artisanale, la Direction des pêches maritimes (DPM) indique le nombre total de pêcheurs artisans par région maritime (Figure 6.4), mais ne dit rien sur le genre et la proportion de ceux qui travaillent à temps plein, les saisonniers ou travailleurs à temps partiel, les travailleurs occasionnels et ceux qui pratiquent la pêche de loisir.

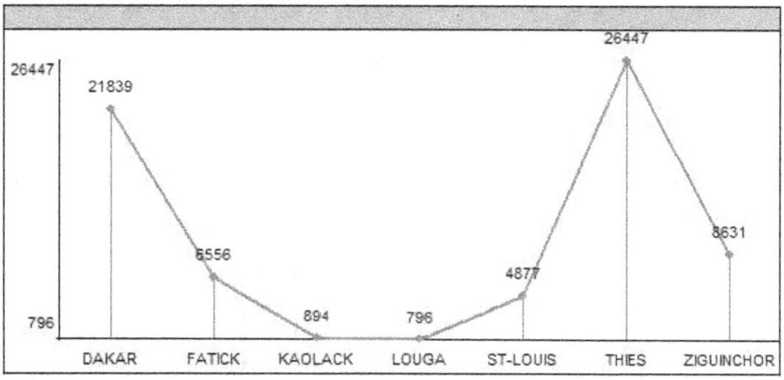


Figure 6.4: Nombre de pêcheurs par région maritime en 2018

Le volume des captures réalisées par la pêche artisanale, correspondant ici à la mise à terre en tonnes (Figure 6.5) par région maritime en 2018, est assorti de la ventilation par espèce rendue publique par la Direction des pêches maritimes (DPM).

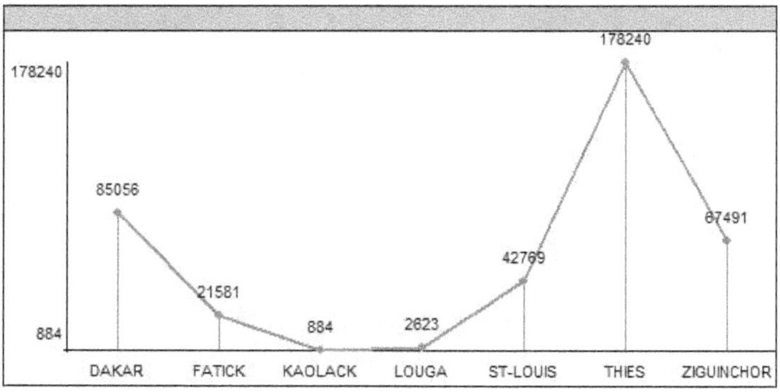


Figure 6.5 : Mise à terre en tonnes par région maritime en 2018

Par souci de conformité au standard FiTI1, la ventilation doit également se faire - ce qui n'est pas le cas -, par catégorie d'autorisation de pêche (de permis de pêche) et par type d'engin.

La conformité au standard FiTI1 suppose enfin la disponibilité de l'information sur le montant total des paiements effectués par les professionnels de la pêche artisanale et le bénéficiaire de ces paiements, le volume total des rejets, les quantités et les espèces halieutiques rejetées par le secteur de la pêche artisanale, la contribution économique, sociale et en termes de sécurité alimentaire.

**Regard décisionnaire sur la pêche industrielle**

Tel que présenté et rendu public par la Direction des pêches maritimes (DPM), le tableau synoptique de la pêche industrielle en 2018 (Tableau 6.3) ne dit rien sur l'état des stocks halieutiques et des écosystèmes marins.

## Tableau 6.3

Tableau synoptique de la pêche industrielle en 2018

| TYPE DE NAVIRE | | SENEGAL | UNION EUROPEENNE | | TOTAL | *Rap 2017* | *Variation* |
|---|---|---|---|---|---|---|---|
| | | Sénégal | Espagne | France | | | |
| CHALUTIERS | EFFECTIF | 104 | 3 | - | 107 | 104 | *3%* |
| | CAPTURES | 67 606 | 1 362 | - | 68 968 | 71 962 | *-4%* |
| | DEBARQT | 67 606 | 1 362 | - | 68 968 | 71 962 | *-4%* |
| PALANGRIERS | EFFECTIF | 2 | - | - | 2 | 0 | |
| | CAPTURES | 970 | - | - | 970 | 0 | |
| | DEBARQT | 970 | - | - | 970 | 0 | |
| SARDINIERS | EFFECTIF | 5 | - | - | 5 | 5 | *0%* |
| | CAPTURES | 608 | - | - | 608 | 815 | *-25%* |
| | DEBARQT | 608 | - | - | 608 | 815 | *-25%* |
| THONIERS | EFFECTIF | 11 | 16 | - | 27 | 31 | *-13%* |
| | CAPTURES | 49 377 | 6 286 | - | 55 664 | 43 783 | *27%* |
| | DEBARQT | 49 377 | 6 286 | - | 55 664 | 43 783 | *27%* |
| TOTAL | EFFECTIF | 122 | 19 | 0 | 141 | 140 | *1%* |
| | CAPTURES | 118 561 | 7 648 | 0 | 126 209 | 116 560 | *8%* |
| | DEBARQT | 118 561 | 7 648 | 0 | 126 209 | 116 560 | *8%* |
| Rappel 17 | EFFECTIF | 119 | 20 | 0 | 138 | | |
| | CAPTURES | 108 723 | 7 837 | 0 | 116 501 | | |
| | DEBARQT | 108 723 | 7 837 | 0 | 116 501 | | |
| Evolution | EFFECTIF | *3%* | *-5%* | *0%* | *2%* | | |
| | CAPTURES | *9%* | *-2%* | *0%* | *8%* | | |
| | DEBARQT | *9%* | *-2%* | *0%* | *8%* | | |

Source : Direction des pêches maritimes (DPM)

Les tableaux intuitifs (Tableaux 6.4 et 6.5) obtenus à partir du tableau synoptique et les graphiques de type baromètre (Figures 6.6 et 6.7)) qui en résultent montrent le caractère plutôt dérisoire de l'information officielle disponible pour satisfaire les acteurs.

**Tableau 6.4**

Type de navire pour la pêche industrielle

et effectif en 2018

| NAVIRE | Sénégal | Espagne | France | TOTAL |
|---|---|---|---|---|
| CHALUTIERS | 104 | 3 | 0 | **107** |
| PALANGRIERS | 2 | 0 | 0 | **2** |
| SARDINIERS | 5 | 0 | 0 | **5** |
| THONIERS | 11 | 16 | 0 | **27** |
| **TOTAL** | **122** | **19** | **0** | **141** |

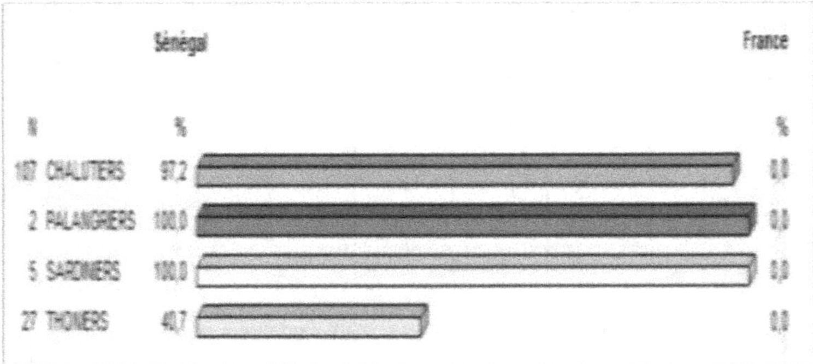


Figure 6.6 : Baromètre 2018 des navires pour la pêche industrielle

## Tableau 6.5

Type de navire pour la pêche industrielle et captures en tonnes

| NAVIRE | Sénégal | Espagne | France | TOTAL |
|---|---|---|---|---|
| CHALUTIERS | 67606 | 1362 | 0 | **68968** |
| PALANGRIERS | 970 | 0 | 0 | **970** |
| SARDINIERS | 608 | 0 | 0 | **608** |
| THONIERS | 49377 | 6286 | 0 | **55663** |
| **TOTAL** | **118561** | **7648** | **0** | **126209** |

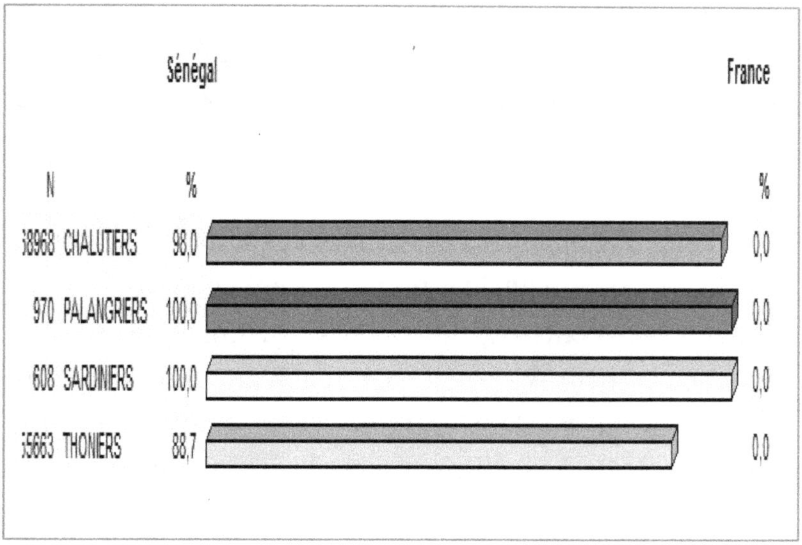


Figure 6.7 : Baromètre 2018 des captures en tonnes pour la pêche industrielle

Évidemment, le tableau synoptique ne dit pas grand-chose sur les navires industriels, battant pavillon national ou étranger, autorisés à pêcher dans les eaux relevant de la juridiction maritime du Sénégal. Rien à voir en tout cas avec la mise en ligne, par les pays engagés dans la mise en œuvre de la FiTI, d'un registre actualisé desdits navires auxquels s'ajoutent les navires industriels, battant pavillon national, autorisés à pêcher dans les eaux relevant de la juridiction maritime de pays tiers et en haute mer.

Pour chaque navire, on dénombre à au moins 14 types distincts (voir encadré FiTI2)) les informations pertinentes devant figurer dans le registre. Au Sénégal, est récurrente la controverse sur les accords de pêche, les types d'autorisation de pêche détenues par les navires, les quantités et les espèces ciblées, les rejets autorisés, etc. Dans le rapport de l'année 2018, intitulé « Résultats généraux des pêches maritimes 2018 », les données incomplètes (voir Tableau 6.6) sur les quantités et espèces ciblées, comme c'est, à titre d'exemple, le cas dans les tableaux 24 et 25 dudit rapport, alimentent la controverse au lieu d'y mettre fin dans une logique d'adhésion au standard international.

## Tableau 6.6

Débarquements des navires merlutiers étrangers dans la ZEE sénégalaise

*Tableau 24 : Débarquements des navires merlutiers étrangers dans la ZEE sénégalaise et la zone commune (en tonnes)*

| Noms navires | JANVIER | FEVRIER | MARS | AVRIL | MAI | JUIN | JUILLET | AOÛT | SEPTEMBRE | OCTOBRE | NOVEMBRE | DÉCEMBRE | Total général |
|---|---|---|---|---|---|---|---|---|---|---|---|---|---|
| CURBEIRO | - | - | - | - | - | - | - | - | 72,36 | 119,34 | 167,35 | 174,16 | 533,20 |
| FUENTE DE MACENLLE | - | - | 46,42 | 7,99 | - | - | - | - | - | - | - | - | 54,41 |
| VILLA DE MARIN | - | - | - | - | - | - | 18,66 | - | 72,45 | 259,87 | 278,34 | 145,06 | 774,37 |
| **Total général** | - | - | **46,42** | **7,99** | - | - | **18,66** | - | **144,81** | **379,21** | **445,69** | **319,21** | **1 361,98** |

*Tableau 25 : Débarquements par espèce des navires merlutiers étrangers dans la ZEE sénégalaise et la zone commune (en tonnes)*

| Noms espèces | JANV | FEVR | MARS | AVRIL | MAI | JUIN | JUILLET | AOÛT | SEPTEMBRE | OCTOBRE | NOVEMBRE | DÉCEMBRE | Total général | prix/kg | VCE(*1000) |
|---|---|---|---|---|---|---|---|---|---|---|---|---|---|---|---|
| Sébaste chèvre | - | - | - | - | - | - | 0,0 | - | 0,0 | 0,4 | 0,6 | 2,3 | 3,4 | 500,0 | 1 707,0 |
| Merlu d'Afrique tropicale | - | - | - | - | - | - | - | - | 130,9 | 358,5 | 410,6 | 287,3 | 1 187,3 | 1 000,0 | 1 187 253,0 |
| Merlu du Sénégal | - | - | 37,0 | 7,2 | - | - | 14,9 | - | - | - | - | - | 59,1 | 1 000,0 | 59 088,0 |
| Saint Pierre argenté | - | - | 3,8 | - | - | - | - | - | 0,3 | 1,3 | 0,3 | 1,8 | 7,4 | 900,0 | 6 693,3 |
| Baudroie commune | - | - | - | - | - | - | 0,1 | - | 1,1 | 5,0 | 12,7 | 14,8 | 33,8 | 700,0 | 23 674,0 |
| Toutenon commun | - | - | - | - | - | - | 3,5 | - | 12,3 | 12,4 | 21,1 | 12,8 | 62,1 | 2 000,0 | 124 272,0 |
| Chinchard d'Europe | - | - | 3,9 | - | - | - | - | - | - | 0,0 | - | - | 4,0 | 300,0 | 1 188,0 |
| autres espèces | - | - | 1,7 | 0,7 | - | - | 0,1 | - | 0,1 | 1,3 | 0,1 | 0,2 | 4,1 | 500,0 | 2 073,5 |
| **total général** | - | - | **46,4** | **8,0** | - | - | **18,7** | - | **144,7** | **378,9** | **445,4** | **319,2** | **1 361,3** | | **1 405 948,8** |

<u>Source</u> : Direction des pêches maritimes 2018

## Quid des paiements ?

Les informations accessibles et complètes sur les paiements effectués par chaque navire du registre actualisé des navires de pêche, s'il existe, doivent permettre de renseigner toutes les rubriques prévues à cet effet par l'initiative pour la transparence dans les pêches. Toujours par souci de transparence, ces paiements doivent être séparés de ceux concernant les autorités portuaires.

Mais parler de paiements au Sénégal, c'est toujours vouloir se mêler de ce qui ne regarde pas l'indiscret.e dont les yeux sont constamment rivés sur les bouches des jeunes femmes qui grillent les arachides destinées à la consommation domestique ou à la vente de cacahuètes. Tellement sont grandes les chances de voir disparaître plusieurs grammes d'arachide avalés pendant la préparation du produit prisé. Simplement pour dire que tout ce qui se rapporte aux paiements est entouré d'un épais brouillard que 63 ans de contrôle démocratique à l'Assemblée nationale et administratif n'ont pas suffi à dissiper.

# CONCLUSION

À la mi-novembre 2017, le journal *Le Quotidien* nous indique que « la Guinée, la Mauritanie, le Sénégal et les Seychelles ont saisi le secrétariat de l'Initiative pour la transparence des pêches (Fisheries Transparency Initia-tive, FiTI) de leur volonté d'y adhérer ». À la fin-novembre 2019, le même journal écrit que « le Président Macky SALL s'est engagé en février 2016 à ce que le Sénégal intègre l'Initiative pour la transparence des pêches (FiTI). Toutefois, l'autorité chargée de la gouvernance de la FiTI n'est pas encore définie ». Elle ne l'a toujours pas été en novembre 2021 après que le président Macky SALL est conseillé à la demande de son ministre d'État et Directeur de cabinet Mahmoud SALEH - notes techniques à l'appui -, par le Pôle Pêches et Économie maritime de la Présidence de la République du Sénégal dont nous avons dirigé les enquêtes et travaux jusqu'au 19 juillet 2023 à engager le ministre des Pêches et de l'Economie maritime, Alioune NDOYE, à prendre toutes les dispositions nécessaires pour l'adhésion du Sénégal à l'Initiative.

Voisine du Sénégal qui la considère comme une république sœur, la République islamique de Mauritanie donne enfin l'exemple à suivre en adhérant, le 18 mai 2021, à la FiTI. S'appuyant sur les données de l'année civile 2018, le Rapport FiTI en 2019 « a permis au Groupe multipartite national (GMN) de démontrer que les exigences de transparence de la FiTI ont été remplies par la Mauritanie ».

Encore rien au Sénégal bien que les pêches artisanale et industrielle se soient invitées dans la vive polémique sur la recrudescence de l'immigration clandestine. En légiférant contre elle, la France est retournée, le 20 décembre 2023, à ce que nous avons rappelé dans la première partie du livre consacrée au mouvement incoercible pour une destination bien connue - des côtes sénégalaises vers les Îles Canaries, au nom du droit de migrer comme le poisson quand le « droit de poursuite » par l'État n'est pas assez dissuasive pour des auteurs d'infractions dans « les eaux maritimes sous juridiction sénégalaise constituées par les eaux intérieures marines, la mer territoriale, la zone contigüe [et] la Zone économique exclusive ». En vertu dudit droit - Article 87 de la loi n° 2015-18 du 13 juillet 2015 portant Code de la Pêche maritime -, « le commandant d'un navire ou d'un aéronef de surveillance peut, par tout moyen sonore, lumineux, visuel ou radioélectrique, sommer tout navire de pêche se trouvant dans les eaux maritimes sous juridiction sénégalaise de stopper immédiatement ».

Même s'il ne parle pas de « droit de poursuite » - disposition propre à la législation de chaque pays -, le standard FiTI soutient « la lutte contre la corruption et la pêche illégale non déclarée et non réglementée ». Une énième raison pour le Sénégal d'y adhérer !

# BIBLIOGRAPHIE SUCCINCTE

BA, Alioune, BOULAND, P., DIAW, A.T., DIOUF, P. S., Lake, L.-A., MBOW, M.-A., NDIAYE, Paul, THIAM, M. D., Gestion des ressources côtières et littorales du Sénégal : actes de l'atelier de Gorée du 27-29 juillet 1992.

BAYART, Jean-François, «L'État en Afrique : la politique du ventre», Fayard, 1989.

DIONNE, Mahammed Boun Abdallah , Le Lion, le Papillon et l'Abeille, Débats Publics, 2023.

DIOP, Abdoul Aziz, 2023. Déclaration de candidature à la candidature à l'élection présidentielle de 2024. Thiès.

DIOP, Abdoul Aziz, 2023. Lettre de démission adressée au président Macky Sall, p. -

DIOP, Abdoul Aziz, Gagner le débat : La démocratie face aux pulsions putschistes et au terrorisme extraordinaire, Éditions universitaires européennes, 2023.

DIOP, Abdoul Aziz, Sarkozy au Sénégal : Le rendez-vous manqué avec l'Afrique, Éditions L'Harmattan, 2008.

DPM, Direction des pêches maritimes, 2018.

FiTI Fisheries Transparency Initiative, avril 2017

MACHIAVEL, Nicolas, (…). Le Prince. Paris, Presses universitaires de France.

NGANDO, Blaise Alfred, Le Prince Mandela : Essai d'introduction politique à la Renaissance africaine, Maisonneuve & Larose, 2005.

République du Sénégal, Communiqué du Conseil des ministres, 8 novembre 2023.

SASSEN Saskia, «Mais pourquoi émigrent-ils?», *Le Monde diplomatique*, Novembre 2000.

# TABLEAUX ET FIGURES

# TABLE DES MATIÈRES

## Structures éditoriales du groupe L'Harmattan

**L'Harmattan Italie**
Via degli Artisti, 15
10124 Torino
harmattan.italia@gmail.com

**L'Harmattan Hongrie**
Kossuth l. u. 14-16.
1053 Budapest
harmattan@harmattan.hu

**L'Harmattan Sénégal**
10 VDN SICAP AMITIE 3
BP 45034 Dakar-Fann
direction@senharmattan.com

**L'Harmattan Cameroun**
Tsinga/Derrière polyclinique FECAFOOT
BP 11486 Yaoundé
Jacques.koukam@harmattan.fr

**L'Harmattan Burkina Faso**
Villa 281, secteur 23 623, rue 14.32
Ouagadougou
zagbie@outlook.fr

**L'Harmattan Guinée**
Almamya, rue KA 028 OKB Agency
BP 3470 Conakry
harmattanguinee@yahoo.fr

**L'Harmattan RDC**
185, avenue Nyangwe
Commune de Lingwala – Kinshasa
matangilamusadila@yahoo.fr

**L'Harmattan Congo**
219, avenue Nelson Mandela
BP 2874 Brazzaville
deunovmikhael@gmail.com

**L'Harmattan Mali**
Immeuble Mgr Jean Marie Cissé
Aci Hamadallaye
BP 145 Bamako
syllaka@yahoo.fr

**L'Harmattan Togo**
Djidjole – Maison Amela
face EPP BATOME
02 BP 20680 Lomé
didieramela11@gmail.com

**L'Harmattan Côte d'Ivoire**
Résidence Karl – Cité des Arts
Abidjan-Cocody
03 BP 1588 Abidjan
harmattan.ivoire@gmail.com

**L'Harmattan Bénin**
Rue 604, (Immeuble à l'entrée
de la rue UCAO- Cite de Saint-Jean)
Cotonou
stepcorpus@gmail.com

## Nos librairies en France

**Librairie internationale**
16, rue des Écoles
75005 Paris
librairie.internationale@harmattan.fr
01 40 46 79 11
www.librairieharmattan.com

**Librairie des savoirs**
21, rue des Écoles
75005 Paris
librairie.sh@harmattan.fr
01 46 34 13 71
www.librairieharmattansh.com

www.ingramcontent.com/pod-product-compliance
Lightning Source LLC
LaVergne TN
LVHW051358061026
849535LV00009B/3245
* 9 7 8 2 3 3 6 5 2 0 5 7 5 *